ウィ・キャン・スピーク 福岡ことば

博多弁・北九弁・筑後弁の世界

小林由明
kobayashi yoshiaki

言視舎

はじめに　本書の目的と使い方

本書は、昨年の拙著『佐賀の逆襲』と同様、大きな目的は「笑う地域活性化」です。この場合の「笑う」は、みんなで楽しく喜ぶというニュアンスの「笑う」であり、博多華丸・大吉さんの漫才に通じる「笑う」でもあります。そして、福岡県そのものについては「逆襲」の必要をまったく感じないのですが、方言に限って全国を見渡して言うならば、やっぱりピシャリ！逆襲しておかねばならない一面があるのも、また確かだったりするのです。

ここで書かれた「福岡ことば」は、言語学や方言学の専門家、地域の先達の語るものとは、完全に趣を異にしています。あくまでも地域活性化をめざしたことばの採集で、学術的な研究ではありません。また、著者は現在も月に数回のペースで福岡県にお邪魔しているとはいえ、「福岡ことば」のすべてを完璧に網羅したとは、お世辞にも言えない状況でもあります。

ゆえに、

「あのくさ、この言葉が書かれとらん！」とか、

「あの言葉の使い方がオレとは違うやないね！」

という物言いは、きっと出てくることも承知しています。ただ、それでも、どうしても著者が本書を書きたかった理由は、

「福岡が好きやけん！　しかも大好きやけん！」

に尽きるのです。いろんなご指摘、積極的にお待ちしとりますが、ここはひとつ、

「全国に向けて、この素晴らしい福岡ことばをアピールすることに最大の意義がある」

という思いに免じて、軽〜く笑って流していただければ幸いです。

▼福岡ことばの三つのエリア

それと、タイトルの「福岡ことば」ですが、最初に悩みました。途中も悩みました。最後まで悩みました。というのも、「博多弁」イコール福岡県全体の方言、という図式が、どうにも確立してしまっているのが、「はがいか！」（歯痒くてたまらん！）からでもありますす。かといって福岡県だから「福岡弁」にすりゃいいんじゃないか、と言うと、第4章でも書きましたが、よくないのです。

三つの福岡ことばの分布図

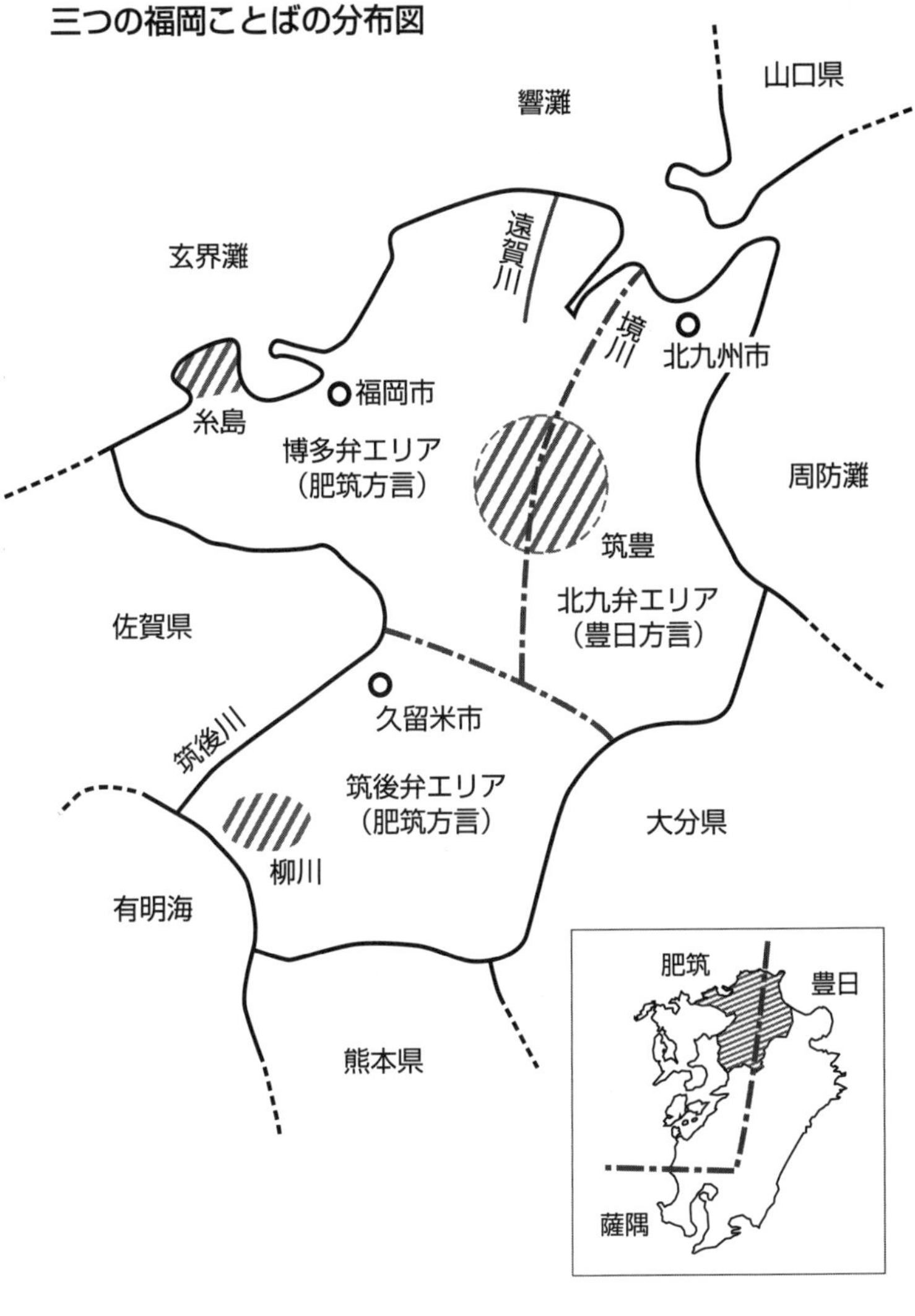

本書ではひとまず、福岡県を大きくざっくり、使われている方言のくくりにしたがって、**博多弁エリア、北九州弁エリア、筑後弁エリア**の三つのエリアに分けました。この件に関しては、方言学の書物を何度も読み返し、また、何度も地元の人に「こういう分け方で大丈夫?」と尋ね、念を押し、最大公約数として設定したものであります。

そのうえで、最大公約数として悩み抜いた結果、それこそギリギリのタイミングで「福岡ことば」に、ひとまず決着した次第です。「福岡言葉」じゃなく「福岡ことば」にしたのは、親しみを持ってもらいたいという気持ちも込めております。将来、もっとふさわしい表現が生まれたり見つかったり、アイディアをいただいた暁には、版元は眉をしかめること必定でしょうが「そこをなんとか」と直訴してもよかろうもん、とすら、心の内に秘めているのです。なお「北九州弁」は以降、同義の地元っ子の愛称「北九弁」と表記いたします。

▼福岡ことばを使ってみたい

本書は、福岡出身者や福岡帰化者が日常的に使っている言葉の中から、特徴の際立ったものを選び出し、書き言葉として成立するものを厳選し、著者が感じ取った範囲ではありますが、ある程度の法則性を解説したうえで、福岡の言葉に馴染みがない人でも楽しく使ってもらえるよう工夫した、新しいタイプの方言本です。

日本全国、どこの地方でもそうだと思いますが、方言は地域歴史や生活習慣、つまり文化と密接に繋がっているものです。同じ日本語とはいえ、時には、言葉そのものの翻訳や解説が必要となるケースも、決して少なくありません。そのうえ、しゃべりとなると、イントネーションやアクセントという、文字ではほぼ説明不全な要素が加わってしまいます。

ちょっとでも聞く耳を緩めてしまうと、たちまち、

「今、何を話してるの？」

という事態に陥ってしまうのです。

福岡の言葉も、その例にもれません。

ただ、福岡の場合は、多くの芸能人を輩出している強みと、彼らがときに方言を話すことによって、多少なりとも皆さんの耳には馴染みがあることと思います。

おまけに現在では、ネットの普及の中でも突出してSNSというコミュニケーションツールが活用されています。中でもTwitterやLINEは、今までにはなかった「しゃべる気分で書く」ツールとして、電話以上に普及しているといっても大袈裟ではないでしょう。

福岡の言葉は、以前から「単なる挨拶でも東京の人には喧嘩してるように聞こえて怖い」という言われ方をしていました。一方で「女の子が使うとカワイイ」という正反対の受け

取られ方もしています。何より、大きく分けても県下で三つのエリアがあるにもかかわらず、先にも書きましたが、一括りに「博多弁」とされています。

いわゆる関西弁（あ、これも異論ありそうな表現ですね）ほどポピュラーじゃないけど、なんか興味あるし使ってみたい……そこが今の福岡の方言スタンスと言えるのではないでしょうか。

そういう現況や現実を踏まえて、言語学や方言の本ではマストアイテムでもあるイントネーションやアクセントという、会話に不可欠な要素をバッサリ断って、書き言葉としての方言に絞り込み、TwitterやLINE等で誰もが気軽に楽しく使いこなせることを、本書の主軸に置かせていただきました。

流れとしては、福岡の歴史をおおまかに知ってもらったうえで、初級・中級・上級と区分けした福岡の言葉を、三つのエリア別に紹介し、いわゆる標準語からの変換について、例を挙げて使い方を記しています。TwitterやLINEも短文ということがあるので、例文は平易かつ日常的に頻度の高いシチュエーションを、多くの現地取材を通して選出しました。

また、言葉にまつわるエピソードや、言葉を使う空気感を理解してもらうため、福岡人ならではの性格が滲み出たエピソードを、要所要所で挟み込んでいます。

▼なぜ宮崎出身者が?

さて、あらためて著者のプロフィールを見た人はお気づきでしょうが、宮崎県延岡市出身です。

「なして(なぜ)宮崎人が?」

と思われるでしょうが、著者は進学したのが九州大学農学部で、大学院も含めると6年間、福岡にたいへんお世話になり、今でも月に5~6回は車やバスなんかで通っています。

むしろ、著者が福岡出身だったならば、地元愛に満ちた県民性、三エリアのどこかに所属することでかえって、全域を同じ視線で見渡すことは難しかったのではと想像します。

そこへいくと、6年間ではありますが、福岡にどっぷり浸り、しかも全域とまんべんなく交流し、同じ気持ちで接することのできる他県人スタンスは、本書をモノするのに適しているのでは、と、自分勝手に解釈させていただいた次第です。

言い訳を含んだ口上は以上です。さっそくページをめくっていただき、1秒でも早く馴染み使っていただければ幸いです。

気が短い人は第3章から、いきなり始めても全然OKです。本書の章立ての流れは、あくまで本を本らしくするための便宜的なものにすぎませんし、博多祇園山笠だって、何番流れが追い山一番になっても一向に問題ないわけなので。

あ、ちなみに、山笠は「やまがさ」ではありません、博多では断じて「やまかさ」です。ここ、酔いに任せて安易に口にすると、突っ込み文化で育ってこない福岡人からも、

「が、やなくて、か！」

一瞬にして突っ込まれるのでご注意あれ、です。

能書きはもうよか！と言われそうな空気が、北風に乗って届いてきた模様です。

そしたら、先ぃ行くばい！

目次

第1章　「福岡三ことば」洗礼体験四例

福岡に限らず、およそ方言というものは抽象的に「論」じるよりも、具体例を挙げて「話」したほうが、自身の距離感や接し方に対する理解が深まるのではないかという思いを、著者は以前から持っています。

そこで、本書の導入にあたり、県外から福岡県に入った人、あるいは福岡県内でエリア移動した人の体験談を、著者も含めて四例ほど紹介したいと思います。

▼「なんしよーと?」

まずは、東京は浅草に本籍を持ち、今は新宿でイラストレーションの仕事をしている56歳の男性、藤田昌弘から（呼び捨て紹介なのは著者と37年来の親友だからです、悪しからず）。

小学低学年のとき、当時住んでいた埼玉県浦和市（現さいたま市）から**福岡市南区に転**

校してきました。理由は親の転勤です。

山が見える、飛行機が飛んでいる、などなど、浦和とは正反対の環境に興奮を隠し切れなかったそうです。また、母親が「お洒落な女性が多い」としきりに言っていたことも、今なお印象にあるとのことでした。

さて本題、彼の場合は博多弁の洗礼ですが、自己紹介を終えての最初の昼休み、ひとりでいるところに脇の下に誰かが、いきなり背後から手を差し込んできて、こう言ったそうです。

「こしょばか?」

他愛のない、親愛の情であることは子ども心にすぐに感じた友人は、初耳な「こしょばか?」も感覚的に「くすぐったい?」と理解できたので、ごくごく自然に、浦和のときみたいに、

「うん、くすぐったいよ」

と返したところ、皆が一斉に、

「わ~!『くすぐったい』っち言うた言うた! テレビのドラマだけやなかったばい」

どっと沸いたそうです。その笑いが、いわゆるイジメに直結するような「からかい」の笑いでなかったことは言うまでもありません。

それ以降、まるで生まれてから博多の人間であるかのように、急速に馴染んでいったとのことです。

藤田が一番、気に入っている博多弁でのやりとりを紹介します。

「なん（何）しよーと?」

「息しよるったい」

あるいは、もっと大雑把に、

「なん（何）しよーとや?」

「生きとるったい」

学校で、道端で、街なんかで、時には旅先で、友人とバッタリ顔を合わせるたびに博多人が条件反射のように言うのが、この「なんしよーと?」です。

直訳すると「何してるんだい?」の意味の「なんしよーと」ですが、これには「やぁ」とか「うぃっす」「ちわぁ」くらいのニュアンスしかない場合も、往々にしてあるんです。極端に言うと、この投げかけは5分おきに同一人物から言われることも珍しくありません。なので、いちいち具体的に応じる必要はないケースも多々あり、特に親しい間柄だと、このようなナンセンスなやりとりが、今でも日常的に繰り広げられます。

藤田はその後、筑紫丘中学（通称筑中）を卒業し、福大附属大濠高校に進学しました。

本書を手にされた方に同じ中学卒業の人がいたら、ひょっとして話が盛り上がるかもしれません。

▼「運んじゃりーよ」

次は福岡市内で公務員をしている30代女性ＲＫさんの**北九弁洗礼体験談**です。彼女は小学校5年生のときに、埼玉県から北九州市八幡区（当時）に転校しました。山口出身の母親からは、

「九州では東京弁は嫌われるので、特に『～なの』などの語尾には注意しなさい」

こう言われ、びくびくしながら自己紹介をしたそうです。そういう刷り込みがあったことも影響したのか、目の前の子どもたちの話がまったくわからず、不安でいっぱいになったとのことでした。

転校してすぐの掃除時間中に、気の強そうな女の子が、

「誰か**机運んじゃりーよ**」

と言ったことに、なにやら怖いニュアンスを覚えて、大きな衝撃を受けたそうです。今となれば普通に「誰か机を運んであげなよ」という親切心から発せられた言葉なので、よっぽど違和感がすごかったんだろうと話していました。

学校環境にも言葉にも慣れてくると、今度は、博多弁で言うところの「なんしよーと?」にあたる**「なんしよん?」**とか、「せからしか」に該当する**「しゃーしい」**をフランス語っぽく感じたりと、余裕が生まれてきました。

その後、小倉北区の高校を卒業し、福岡市の大学に進学した彼女は、自分の身体からは北九弁は完全に抜けたものの、かといって博多弁に馴染み切ってもおらず、話していてもすぐに見抜かれるそうです。

「博多弁に違和感は今なおありますが、響きが好きなので、がんばって習得し、わざと使っています（笑）」

特に、感情をオーバーに出したいときとか、後輩をちょっとキツめに注意するときなんかに、意識的に使う部分があり、それは、使うと人情味を込められると思い込んでいる節があるからじゃないかと自己分析をしてくれました。おそらく、母親から言われて生じた転校トラウマがなかったとしたら、北九弁でも人情を込められることに、早く気づけたかもしれません。妹さんは、完璧に北九弁を話すそうです。

職場で後輩に対し、

「**あんたくさ、**こん書類に、**要らんこと書いたらいかんやろうもん**」

とか注意する〝頑張ってる〟様子が、著者にはありありと浮かびます。

▼「やめりーよ」

三例目は、福岡県最南端の大牟田で生まれ、幼稚園から小学校までを久留米、中学と高校を小郡、大学を福岡市とどんどん北上し、今は移住・定住で知名度を上げてきている島根県の隠岐・海士町に住む近見芳恵さん（30歳）のお話です。

彼女の場合は、同じ福岡県内でもあり、前二名のようなカルチャーショックはなかったと想像していたのですが、意外や意外、**久留米から小郡に**引っ越す、つまり**筑後川の南側から北側に移ったとき**、急に言葉が変わったのを、今でも鮮明に覚えているそうです。

ご両親はともに大牟田の生まれ育ち。今でもバリバリ大牟田弁で話すそうですが、近見さんご自身は、理解はできても使うことはあまりないとのことでした。

「特に覚えているのが、『やめんね』が『**やめりーよ**』に、『〇〇したっちゃか？』が『**〇〇したとかいな？**』に、あたりでしょうかね。あと、『**あーね**』を使い出したのも、小郡に移ってからです。違和感はもちろんあったけど、それ以上に興味深かったのを覚えています」

地域活性化の最先端田舎になっている海士町に移住して7年目。全国から若い移住者が集まる海士町は、いろんなお国言葉が聞けるそうで、近見さんも生活したり仕事をするときは、イントネーションだけは変化したものの言葉は博多弁のまま。福岡に戻って同級生らと会い、居酒屋で鍋などを突っついているときなど、さらにバリバリに博多弁（正確には小郡弁）を使うそうです。

「でも、敬語を使うときと、海士町の子どもたちと話すときは標準語になりますね。方言だと敬語が使いづらいので」

と笑っていました。

▼いちいち答えるのがせからしい

最後は著者の洗礼体験です。

宮崎県人である著者が、初めて福岡の言葉を耳にしたのは**海援隊「母に捧げるバラード」**でした。

「こら！　鉄矢なんばしよっとか、ほんなこつ～」

肝腎の歌の部分よりも途中の博多弁語りのほうが圧倒的に有名になってしまい「あれ？どんなメロディーだったっけ？」と思ったりしたものですが、あくまでブラウン管の向こう側、ラジオの中の言葉として、つまり他人事としてじきに忘れてしまいました。

当時、福岡からは海援隊のほかに**チューリップ、甲斐バンド、井上陽水**と、キラ星のような大メジャーな音楽家たちが輩出されたのですが、彼らから博多弁や田川弁を聞いたことはありませんでした。当時、東京に行く＝故郷を捨てる＝方言を捨てる、といった思いや空気が、あったからかもしれません。

さて、一浪の後、著者は九州大学農学部に入学します。当時の九州大学（以下『九大』と略す）は、キャンパスが大きく3カ所に分かれており、医・歯学部を除く全学部は最低1年と半年、教養部のあった六本松キャンパスに通い、留年を免れた者はその後、箱崎キャンパスに通うことになっていました（薬学部は医・歯学部と同じ馬出キャンパス）。留年を免れたと書いたのは、今は知りませんが当時の九大は留年生が非常に多く、4人に1人は留年していました。工学部なんかは3人に1人だったようです。

ぼくの入った教養部23組の担当教官は、東大を出られた服部泰教授でした。見事な白髪と物静かな佇まいで、一種近寄り難い雰囲気が最初はありました。淡々と江戸言葉で自己紹介などをしていましたが、ある拍子に、

「これ以上話すと**長くなってせからしかけん**、終わります」

ぴたっと話を止めて、教室から出て行かれました。

お、なんて言った？

一瞬、著者は戸惑いましたが、それまでの話の流れで「せからしい」が「鬱陶しい」と

か「面倒くさい」というニュアンスを含むことだけは、なんとなくですが理解できました。同時に、ブラウン管の向こう側と思っていた博多が、急に身近なものと肌で感じられた瞬間でもあったのです。

九大は、九州一円はもちろん、全国から学生の集まるところです。したがって、お国言葉がしばらくは飛び交いまくっていました。加えて、弾みで入部したマンドリンクラブ部員の出身もバラバラ。最終的には、皆が話すときは博多弁にゆるくまとまっていくのですが、個人的には**博多弁**も**北九弁**も**筑後弁**も、どれもこれもが「延岡弁じゃない方言」そのものでした。博多弁や筑後弁での「たい」「ばい」「ばってん」「せからしか」も、北九弁特有の「ちゃ」「ち」「しゃーしい」も、その時のノリでごっちゃに使っていたと思います。

著者のひと世代上のミュージシャンたちは、海援隊を除いて方言を使っているのを聞いたことがありませんが、ほぼ同世代のいわゆる『めんたいロック』世代は、むしろ積極的に博多弁や北九弁や筑後弁をMCやインタビューで使っていました。これはおそらく、久留米弁の抜けない、第5章にご登場いただく**鮎川誠先輩（しぇんぱい）**の影響が大きいと思います。

最近のアーティストたちは、もっともっと使っているようです。YouTube なんかで、とある女性ミュージシャンが、

「東京のコンビニには、**豚マンに酢のついとらんめ**」と、現代食文化の違いを、さらりと博多弁で語っていたのを耳にしたことがあり、思わず笑ってしまいました。

また、同世代として忘れてはならないのが、映画監督の**石井聰亙**（現在は岳龍）さんです。8ミリフィルムで撮影した処女作『高校大パニック』での「数学できんとが、なんで悪いとや！」は、ものすごいインパクトでした。確か、当時の流行語にもなったと思います。農学部の友人に石井さん出身の福岡高校同級生がいて、彼が映画にはいるとスタッフとして手伝っていたという話を、とても羨ましく聞いてたものです。

一度、言い方を正されたことがありました。「別府」です。

全国的には、温泉で有名な「べっぷ」でしょうが、延岡には「別府」と書いて「びゅう」と呼ぶ地があったので、18年間暮らした者としては「びゅう」が一番自然に出てくる表現でした。バスで移動中かなにかに「別府」の文字が見えたとき、

「へぇ～博多にも『びゅう』ってあるんだ」

こう言うと、同級生の市内出身者がすかさず指摘しました。

「お前、変な言い方ばするね。**あれは『べふ』たい**」

同漢異呼とでもいいますか、小さなことだけど、著者にとっては今なお小さな尾を引く出来事でした。こういう地名の呼び方は、今後折に触れ登場してきます。

6年間住み続けた博多から東京に出てしばらくは、博多弁がふとした拍子に飛び出しては、会社の同僚から、

「それ、どういう意味？」

いちいち訊かれて、そのたびにうんざりしながら律儀に答えていたものですが、いつのまにかすっかり東京言葉になってしまっていました。今は、宮崎に住んでいますが、なぜか宮崎弁（延岡弁）に戻ることはなく、訛るとやっぱり博多弁です。しかも、学生時代に使っていた言葉ばっかりだから、今の博多弁とはどこかしら違う空気を、お互いに感じるような気もしています。

このような体験は、言語圏の異なる地域に移動した場合、多かれ少なかれ誰もが体験することと思います。たいていは、次第に言葉に馴染み、土地に馴染むものですが、意地でも変えないという人もいるかもしれません。ただ、そういう人でも端々に変化は生じます。それが、方言の持つ力と言えるのではないでしょうか。

ちなみに、福岡出身者が、たとえば東京に移住したり、あるいは観光等で行ったとしま

す。彼らは、何の苦もなく方言を話すのをやめることができます。そして、戻ってくるとすぐにスイッチが切り替わります。

「なぜ、大阪や京都の人みたいに、他所でも方言で通さんの？」

時期も場所も違うタイミングで、著者は複数の福岡人に、同じことを聞いてみたことがあります。彼らの答えは共通してこうでした。

「『それ、どういう意味？』という質問に、**いちいち答えるのがせからしか（しゃーしい）けん**」

本章の目的は、あくまで導入です。福岡に限らず、最初はみんなおんなじってことだけ、ニュアンスとして理解していただければ、それで充分なのです。

ということで、そろそろ切り上げて次に進みたいと思います。

第2章　福岡の地理と歴史と言葉をざっくり

地球上で人間社会が築かれている地ならどこでもそうだと思いますが、言葉と歴史は切っても切り離せないものがあります。福岡の場合もそれにもれません。特に、県外者にとっては**福岡県全体が博多弁という誤った捉えられ方**をしています。

次章から始まる「書いて楽しむ」実践編にはいる前に、歴史をざっくり振り返ってみたいと思います。

▼三つのことば――博多弁、北九弁、筑後弁

公文書に初めて「博多」の文字があらわれたのは759年、天平宝字3年のこと。『続日本紀』に「博多大津」と書かれたのが、現時点では最古です。同じ頃に、国府が福岡県下三域に、明確な境界をともなって置かれました。今と違って、この境界はそれぞれの往

来を厳しく制限するものであり、最速の交通機関が馬だったことから、独自の方言形成は純粋培養的に成立していったものと推測しても、不思議ではありません。

福岡県下三方言成立で、8世紀説が有力とされているのも、理由はここにあります。平安時代に出た『今昔物語』には、今で言う「良い」を「良か」、『源氏物語』には「おぞし（おそろしい）」を「えずい」と記述されていることから、福岡三弁は時の中央である京都でも認知されていたと思われます。

時をくだって1456年の『実隆（さねたか）公記』では「京へ筑紫に坂東さ」と、行き先を示す助詞のシンボリックな記述が見受けられます。

二六五年に及んだ江戸時代の藩体制は、先述の国府配置を踏襲したもののようです。ここから福岡県は、今の**福岡市**を代表とする筑前方言（**博多弁**）、**北九州市**を代表とする豊前方言（**北九弁**）、**久留米市**を代表とする筑後方言（**筑後弁**）に大別される図式が、どの方言学の文献でも書かれているようです。

ここで、ちょっと脱線。実は、福岡が福岡となったのは江戸時代、黒田長政が治めるにあたり、那珂川の西部域を、自身の出身地である備前岡山にちなみ「福岡」と命名したときが最初です。今の瀬戸内市のどこかに、福岡の地名が残っているはずです。

そして、那珂川は、言葉だけにとどまらず今の福岡市民の言葉や潜在意識にも、非常に大きな影響を及ぼしていますが、そこはおいおいわかるでしょう。最初から読み進んでいる方は、ひとまず記憶の片隅にこの「**那珂川**」をとどめておいてください。

地理を東に大きくずらして**北九州市**。ここは今でこそ日本初の政令指定都市として西から、**戸畑**、**若松**、**八幡**、**小倉**、**門司**の五市合併で生まれた都市ですが、方言的観点から言うならば、純粋に北九州弁と一括りにできません。というのも、江戸時代の藩政の境界が、今の八幡東区を分断するように流れる境川であり、まったく言語圏が異なっていたのです。明治に入り廃藩置県に交通網の劇的進化などで、それぞれの交流が増えるにつれて、明快だった言葉の境界も徐々にあやふやの度合いを進めていきます。また、エネルギーとして石炭の価値が最も高かった時代に、三エリアに被るカタチで急激に発展していった**飯塚**、**田川**、**直方**を中心とする**筑豊**が、他所からの人口流入によって独特の言葉である**川筋言葉**を形成した模様です。ここでいう川とは**遠賀川**のことです。

▼「ここが福岡でここが博多」

さて、もう一度**博多**に戻らせてください。明治になり、県名と県庁所在地の名前をどうするかで、「**福岡市**」派と「**博多市**」派が市議会で大きな揉め事となりました。また、当初は、今は福岡市東区の名島というところに県庁を置く計画もあったのです。したがって、ひょっとすると福岡県は名島県に、福岡市は博多市になった可能性、つまり、福岡県福岡市が名島県博多市となった可能性も少なからずあったわけですが、投票の結果同数となり、議長採決で福岡市に決定。博多の地名は福岡空港を有する区名と、中心駅名として残りました。

国鉄（現JR九州）で博多駅に降り立った旅行客が、

「福岡市はどこですか？」

と真面目に訊き、人力車やタクシーの運転手が、

「ここが福岡でここが博多」

と応対する、非常にややこしい都市になったのです。この環境は今も絶賛継続中です。

戦後は、メディアやネットの普及と通勤通学圏という生活圏の変化によって、それぞれの地域の言語が混じりあうこととなりました。結婚や転勤によって筑後エリアから北九州エリアへ移住とか、北九州エリアから博多エリアへ通勤、というケースも珍しくなくなりました。かつてのような「口を開いた瞬間に、どこの出身かがたちどころにわかる」時代とは、いいのか悪いのかわかりませんが、違ってしまったのは確かです。

▼アクセントの問題はスルーします

書き言葉はともかく、喋りに関しては、アクセントが言葉以上に重要な役割を果たしま

す（本書では言及していません）。

本来、**豊前方言エリア**は東部アクセントといい、関門海峡で接する山口および本州方言を受けて、九州方言色が薄い。また、筑後方言エリアは、肥前（佐賀・長崎）や肥後（熊本）に続く九州色の強い無型アクセント。筑前方言の博多エリアは、両者の中間である曖昧アクセントでした。ゆえに、同じことをしゃべっても、アクセントによって相互に「おや？　すくなくともウチらとは違う」と感じ合う瞬間がある可能性は、まだまだ高いでしょう。そのあたりは、メールや「Twitter、ＬＩＮＥじゃなく、直接話すことで確認いただければいいと思います。

アクセント面で三エリアを一番区別しやすいのは、おそらく「橋」「箸」「端」だと思うので、近くに福岡県出身の、特に年配者がいたら確かめてみるのもいいでしょう。ちなみに三つとも同じアクセントであれば生粋の筑後出身ということに、ほぼなる模様です。もちろん、個人差があるのは言わずもがななので「確かめてみたが、書いてることと違うじゃないか」といわれても、著者には福岡県民５００万人にもれなく話を聞いたわけじゃないので、申し訳ありませんが責任は負えません。再び悪しからずです。

以上の流れを汲んだうえで、福岡県全体で使われる言葉を、他所の県の人が「博多弁」と一括りにすることを、福岡県住人は半ば諦め、半ば黙認のカタチで受け入れている模様です。北九州エリアとか、後に述べるように書いても異なる個所が多いのだから反論してもよさそうなものなのに、まずしないのが普通です。

その理由はひとえにひとつ。前の章でも自分の事例としても書きましたが、「せ（しぇ）からしい」あるいは「しゃーしい」

これに尽きます。めんどくさい、というニュアンスを持つ方言です。

この「めんどくさい」はまた、著者に限らない福岡県民の共通感情だったりもします。それを裏付ける発言がおいおい見受けられるので、気にとめておいていただけると有り難いです。

さて、これで本章で著者が述べたいことはだいたい書き終えました。いよいよお待ちかね、福岡三ことばの実践編である第3章に向かいたいと思います。

第3章 いきなり実践 TwitterやLINEで、三つの福岡ことばを打ってみよう

わざわざ読んでいただいた人も、ここから読み出す人も、お待たせしました。日本語を書ける人なら誰でも簡単に使える三つの福岡ことば～博多弁・北九弁・筑後弁、実践編のスタートです。北九州弁は、福岡では「北九」と省略することが多いので、ここでもそれで通します。

本章では、アクセントやイントネーションは反映されないにもかかわらず、書けば速攻でわかってしまう福岡弁・北九弁・筑後弁を紹介していきます。最近、SNSの普及や、特にTwitterにLINEで、書込みコミュニケーションが老若男女かかわらず増えています。そして、こういうところに書込みする文字を「打ち文字」というそうです。

この章では、この「打ち文字」として使うことを念頭に、進めていこうと思います。

1　初級～三弁共通

しゃべると、三弁それぞれイントネーションやアクセントに微妙な食い違いが生じるものの、字面では、ほぼ一緒のものから、まずは始めたく思います。

5パターンあります。すべて1文字です。あいうえお順に紹介していきます（以下同じ）。

（1）「い」→「か」（形容詞の語尾）

アイスキャンデーのロングセラーに明治乳業（現在は株式会社明治）の「うまか棒」というのがありますが、当初は九州限定で会社がリサーチするために、あえて方言で売り出したと思われます。この商品名が象徴するのが「い」と「か」です。

「うれしい」→「うれしか」
「楽しい」→「楽しか」
「よい」→「よか」
「とんでもない」→「とんでもなか」

こんなふうに、主に形容詞の最後が「い」で終わるものは、ほぼもれなく「か」に変換すると、それだけで福岡ことばとなってくれます。
★例文1　思いがけず贈り物をもらったとき。
東京女子「きゃー♫　こんなに美しい贈り物とか、嬉しい～」
福岡女子「きゃー♫　こんなに**美しか**贈り物とか、**嬉しか～**」

★例文2　こっそりAVを観てるのを母親に見つかったとき。
東京母「ちょっとあんた！　なにそんないやらしいビデオ観てるのよ！」
福岡母「ちょっと！　なに**そんないやらしか**ビデオ観てるのよ！」

＊上記2例は、「い」→「か」以外の個所も、「観てるのよ」→「観とるとよ」のように、本来なら福岡ことばに変換できるのですが、学習の順序もあるので、この段階では割愛します。以下の例文も同様です。

この「か」は、福岡では駄洒落的掛け言葉としても活用されています。たとえばJR東日本の「Suica」のようなカードにJR九州では「すごか」、福岡市営地下鉄では「はやか」というカードが発行されています。これはカードの「か」と方言の「か」を掛けたもののようです。

なお、著者は、つい最近までスナック菓子「うまい棒」は、「うまか棒」が全国展開になったときに改名したものだとばっかり思い込んでいましたが、実際は製造販売会社が違うし、そもそもアイスキャンデーではありません。先日、スーパーでしっかり確認して参りました。「うまか棒」は今も、砕きピーナッツまじりのチョコレートにアイスがコーティングされ、1979年に発売当時の九州限定CMで、故・ばってん荒川さんが「うまぁかぼぉ〜」と言ったまんまのスタイルで売られております。

(2)「だ」→「や」(断定の助動詞)

なんでもかんでもというわけじゃありませんが、会話の流れのなかで「や」は、福岡人なら皆、半ば無意識に使っていると強く感じます。特に、こういう言い回しのときは鉄板です。


「そうだろう?」→「そうやろう?」

「そうなんだ!」→「そうなんや!」

★例文1　たとえば、公立なのに芸能人を多数輩出していることで知られる「福岡市立高宮中学校」を観光で訪問したとしましょう。

東京男子「高宮中って、タモリや（博多）華丸や氷川きよしの出身校だろう?」
福岡男子「高宮中って、タモリさんや華丸さんや氷川きよしさんの**出身校やろう?**」
＊福岡の人は、福岡出身の有名人は、たとえ顔見知りじゃなくても呼び捨てにしないことが多いのです。

★例文2　久留米が生んだ日本を代表するギタリスト、鮎川誠さんの学歴の話。
東京男子「ロックンローラーが大卒だなんて、意外だ～」
福岡男子「ロックンローラーが**大卒や**なんて、**意外や～**」

(3)「の」→「と」(疑問の終助詞)

最後の「と」が、**疑問と返答の両方に用いられるもの**です。

「どこに行くの?」　→「どこに行くと?」

「何を食べてるの?」→「何を食べてると?」

まず、疑問形の「と」。人にものを訊ねる時の語尾「の」を、「と」に変えると、ぐっと福岡県に近づきます。

また、疑問形に対して答えるとき、下記のように「と」を使うと返答の「と」になります。

「天神にいくの？」→「天神に行くと、」

「おいしいの？」→「おいしいと！」

字面上の使用バリエーションは、それほど高くないかもしれませんが、日常頻度としては案外に高かったりします。

★例文　混み合っている食堂で、空席を見つけました。
空いているスペースを指して「**とっとーと？**」→「キープしてるの？」

スペースの隣にいたあんちゃん「**とっとーと！**」→「とってあるんだよ！」

▼ちょっと脱線します、博多弁のみに特有の「三連方言」

おっとっとっと、「とっとーと」が出たついでに、博多弁特有の「三連方言」について少しだけ解説しておきます。

この「とっとーと」をお菓子の名前にしてしまったものがあるくらい、特徴的な方言ですね。このお菓子、今や福岡を代表するお土産銘菓の「博多とおりもん」に迫る勢いではないでしょうか。

それはさておき、これは「なかなかなか」「すーすーす」などのように、三連譜のようにことばを並べる「**三連方言**」のひとつでもあります。

「うまかー」

(「美味しいー」)

「とっとーと？」

(「取ってるの？」)

「とっとーと！」

(「取ってるんだ！」)


福岡は土産物のバリエーションとクオリティで全国でも名だたる土地柄。おそらく江戸時代、長崎から小倉に砂糖や船来菓子が「シュガーロード」を通って運ばれた歴史的事情があると思われる。また、今や博多土産の代名詞ともいわれる「博多とおりもん」のように、福岡ことばを菓子名にしたものも見られる。「とっとーと」もそんな土産菓子のひとつ。宮崎産さつまいもと九州産牛乳で作ったチーズを使った焼き菓子。14個入1,000円（税抜）と実にリーズナブルで買いやすい個数＆価格設定も特徴的。製造・販売は博多区の老舗の屋号「黒田五十二万石 如水庵」。
☆衣裳協力：WILD MART

ほかにも次のようなものがあります。

「**こっこ**」↓「ここにおいで」
★例文　よくあるパーティでの光景。
東京男子「そんな端っこでもじもじしてないで、こっちに来なよ」
博多男子「そんな端っこでもじもじしてないで、**こっこ**」

「**たったった**」↓「立ったんだ」
★例文　最近、あまり使っているのを聞いたことがありませんが……。
東京男子「ラッキー！　茶柱が立ったぞ」
博多男子「ラッキー！　茶柱が**たったった**」

「**すーすーす**」↓「（隙間風等で）『すーすー』する」
★例文　自然現象だけじゃなく、こういう身体現象のときにも、わりと使います。
東京女子「なんか、身体に寒気がするんだけど、気のせい？」
博多女子「なんか、身体が**すーすーす**るんやけど、気のせい？」

「なかなかなか」→「滅多にない」

★例文　だいたいの場合、溜め息の出るような場面で使われることが多いです。

東京女子「こんなすごい流れ星、そうそう見られないねぇ～」

博多女子「こんなすごか流れ星、**なかなかなか**ねぇ～」

＊「なかなかなか」では、「見る」「聞く」「する」という動詞も包括して表現されます。

なお、北九弁や筑後弁には「三連方言」でめぼしいものは、それこそ「なかなかなか」です。

ただし、ひょっとして、本書の出版後に「あるぞ～」との話が出てくるかもしれません。

（4）「の」→「ん」（連体修飾語になる格助詞）

「の」に「ん」を代入してみましょう。だいたいうまくいきます。英語で言うと「of」の意味になる場合もあります。これも使う機会は多いと思われます。

「地元の海」　→「地元ん海」

たとえば、「どうね、地元ん海はきれーかろーが♫」というように用います。

「私のこと?」→「私んこと?」という用例もあります。

「風呂の戸」　↓「風呂ん戸」

あ、この変換例ですが、これを音にすると、つまりカタカナにすると「フロント」となり、ホテルなんかで使うと知らない人から「え?」という顔をされる確率が高いです。

(5)「を」→「ば」(格助詞)

これは濁点の福岡ことばとしては、最もポピュラーで象徴的なものです。バリエーションはひとつっきりですが、とにかくよく使われ、かつ目立ちます。

「野菜を、食べよう」　↓「野菜ば、食べよう」
「私を、海に連れてって」↓「私ば、海に連れてって」
「そこの角を曲がって」　↓「そこん角ば曲がって」

使ってみるとわかると思いますが、この「ば」には気持ちをワンランクアップさせる、強調の気分もこもっていたりします。ついでに言うなら右から2番目の「私」を「わたし」じゃなく「うち」と言うと、さらに甘えた気分が盛り上がりますよ。

ただ、北九州の地元ッティ間では、この「ば」の使用頻度はぐんと減るそうです。

ひとまず、この5パターンをマスターすると、博多・北九州・筑後、どこの出身の人と

福岡は、博多弁エリアが玄界灘、北九弁エリアが響灘と周防灘、筑後エリアが有明海と、すべてのエリアが特徴のそれぞれ異なる海と接している稀有な県でもある。それゆえ海産物の種類が豊富で、質も高い。「福岡は食べ物が楽しい」と、地元人ばかりでなく、出張族や旅行者に評判なのもうなずける。
☆撮影協力：Bistro & Café TIME
☆衣裳協力：WILD MART

ツイートしてもＬＩＮＥしても、もちろん会話しても、違和感なく交流しあえるのは間違いなかです。

以上を活用して、川端康成先生の名作の書き出しを、ちょっと翻訳してみます。

★例文

翻訳前：長いトンネルを抜けると、そこは雪国だった。

翻訳後：長かトンネルば抜けると、そこは雪国やった。

2　中級

さて、中級ですが、福岡県外の方にも、耳に馴染みある表現ではなかろうかと思われます。同時に、ここあたりから早くも三エリアでの違いが、ぽつぽつ出てきます。中でも、博多・筑後と、北九州の違いが、くっきり出てきます。共通しているのは、**どの表現も、**いわゆる**句読点の前後に使われる**ことです。

ここで扱うのは、次の四つです。

(1)「〜たい」

ある意味「たい」こそが、世間一般的に博多弁と認知する象徴的な言葉かもしれません。そして、翻訳も実に簡単です。文章の末尾につければいいだけです。筑後弁も同じです。ただし、**北九州弁ではこの「たい」を使いません**。博多と筑後における「たい」は、**北九州では「ちゃ」**、文章の流れによっては跳ねて「っちゃ」となります。

★例文　昼食後の会話として。

東京人「今、うどんを食べたところなんだ」

博多・久留米人「今、**うどんば食べたところたい**」

先の「ば」も入って、まさに**福岡ことばの典型&象徴**ですね。

だからといって、港の水産市場やスーパーの鮮魚売場で、とある魚を指差して、

客人「これたい」

魚売「違う、これは鯖（さば）たい」

という会話があるかというと、これは今や「寒か」笑いネタになっていると思います。

で、**北九州では**「たい」を使わないので、こうなります。

★例文

東京男子「今、うどんを食べたところなんだ」

北九州男子「今、**うどんば食べたところっちゃ**」

あ、ラムちゃん（『うる星やつら』）を北九州人と思い違いしている人が、たま〜にいるのはこの「ちゃ」「っちゃ」にあるんでしょうかね。

北九州に「ちゃちゃちゃタウン」という場所がありますが、そのネーミングは、まさしく北九弁からきているそうです。東京からのお客さんにそう説明したら、

「じゃあ『博多』にこういうのができたら、『ばいばいタウン』とか『たいたいタウン』

になるのかな？　加えて筑後だとどうなるの？」と問われ、
「……」（著者、返答に窮したとですたい）
著者の大学時代、福岡市内出身者が「ちゃ」を、北九州出身者が「ばい」を使ったりしていたのはたぶん、単純に好奇心のなせるわざだったんだろうなぁと、今なら思うことができますが、当時はどっちも平等に「博多弁」と思っていたものです。

(2)「〜ばい」

（1）「たい」と双璧をなす頻度で使われます。また、北九州でも「ばい」は比較的使われていることから、福岡県全域で「ばい」はオールマイティではなかろうかと思われます。
だいたい「たい」と「ばい」は、厳密な区別はなく、言葉の流れで、瞬間的に分別されている感じがします。したがって北九州となると、「ちゃ」と「ばい」になりますかね。う〜ん……新幹線に高速道路、こういう交通機関の発達での交流が、そのあたりをすご〜く「もやもや」させてる気が、取材していてしましたので、書いたことと現実との間にも「もやもや」が漂うことは、2014年、仕方がないかもです。でも、便宜上、そうさせてください。

★例文1　励ますときに。

東京人「勇気を出さないといけないよ」
福岡人「**勇気ば出さんといかんばい**」
★例文2　とあるLINEでのやりとり。
東京人「やっほ～、遊びに行くよ」／「いいよ～」
福岡人「やっほ～、**遊びに来るばい**」／「よかよ～」

＊2つめの例文ですが、「行く」が「来る」に変換されていることにもご注目ください。なぜか「行く」のに「来る」という……、これも福岡ことばの特徴です。

★例文3　「福岡ポートタワー」に行って展望台に上ったとしましょう。
東京人「さすがに、ここまで登ったって、韓国までは見えないよ」
福岡人「さすがに、ここまで登ったって、韓国までは**見えんばい**」

第4章でも詳述するが、福岡の男はなぜか対女性、特に一番好きな女性に対してはメチャクチャ奥手になってしまうケースが非常に多い。どうやれば「好いとぅ」と言えるかで、悶々と悩み、相談をしまくる。相談を受けた側も、一応は正論を言って送り出そうとするけど、自分自身が同じ立場になると、同じ状況になるので説得力に乏しい。
☆取材協力：WILD MART

(3)「さ」「ざ」行→「しゃ」「じゃ」行

友人が福岡市内の自動車教習所で、訛りのキツい教官にあたったとき、

「ほんしぇんしゃどうはしろのじっしぇん」

と言われ、宇宙語を聞いた錯覚に陥り、うっかり脱輪しかけたことがあったとか。漢字を交えて書くと「本線車道は白の実線」と、教官は言ったわけです。


また、ある友人は、学校にて、こんな自己紹介を受けました。

「しぇんしぇいは、しぇいじけいじゃいば教えます」

「先生は、政治経済を教えます」ということです。


ですから「絶対」は→「じぇったい」となります。食べ物の「ゼリー」は→「じぇりー」と聞こえます。主に、博多弁と筑後弁エリアの、ご年輩の方々に特徴的な表現であり、方言矯正の機運が高まる中、なぜか「ダサい」と見なす風潮が手伝ったのか、若い人らに引き継がれていないのは、ちょっと寂しい限りです。

(4)「〜さぁ」→「〜くさ」

前にも書いたように、宮崎から福岡に進学した著者は、クラス内やクラブ内での一気の

方言襲来もあって、どれが博多弁でどれが北九弁、あるいは他県弁かもわからず、ただただその場の空気で通じるように使っていた結果、2年生にあがるころにようやく大まかな違いがわかるようになったという状況もありました。そして、同じクラスやクラブ内の先輩後輩同級生なんかも、特に他県からやってきた者は、著者と同じような厳密性皆無の話しっぷりで4年間以上を過ごしたと思われます。

ここに紹介する、**全国的には博多弁で通っている「〜くさ」が、実は糸島エリアに特徴的だ**ということは、今回の取材で初めて知ったのです。詳しくは後述しますが、しぇっかくやけん（せっかくなので）、ここでも紹介しておきます。

東京なんかで「あのさぁ」「それでさぁ」「だからさぁ」などという、本題への導入に使う慣用句（?）の語尾「さぁ」に該当するのがこの「くさ」です。したがって、北九州や筑後では、ほとんど耳にしないし、博多でも使う人は、おそらく糸島出身か、糸島にゆかりのある人に限定されるのではないでしょうか。ただ、言葉の響きが、なにやらザ・方言なこともあって、著者などは、意識的に使ったりする場合があります。

「あのくさ、折り入って相談のあるとやけどくさ…」
(「あのね、折り入って相談があるんだけどさ…」
「金なら貸せんけんね!」
(「お金だったら貸せないからね!」

福岡の女性は全般的に一歩引いたところで、比較的つつましくしているというイメージが強い。それは、年齢差にかかわらず、女性が男の顔を立ててあげてるだけのことであり、実際の実権は、特に夫婦間の実権は、女性がしっかり握っていることが多い。俗に言う「九州男児」とは、一般的には鹿児島県人に、ほぼ限定される模様。
☆取材協力：WILD MART

★例文
東京人「あのさぁ、ちょっとさぁ、折り入って相談があるんだけどさぁ」
博多人「**あのくさ、ちょっとくさ、折り入って相談があるとやけどくさ**」

(5)「〜だから」→「〜やけん」

宮崎人の著者は、18歳まで「〜だから」を、迷わず「〜じゃかい」とか「〜じゃき」と言っておりました。九州大学入学後、わりとすぐのタイミングで「〜やけん」に染まってしまい、今なおこっちを使っています。

これは、博多弁および筑後弁での表現で、北九弁だと「〜やけ」と、ちょっと語感が強くなります。この「〜やけ」は関門海峡を越え、広島あたりまで使われているもようで、パフュームの3人も映画『仁義なき戦い』の菅原文太なみに「〜やけ」と言うのを、著者は耳にしております。

★例文
東京人「ラーメン1時間待ちだから、違う店に行かない？」
博多人「ラーメン1時間待ちやけん、違う店に行かん？」
北九人「ラーメン1時間待ちやけ、違う店に行かん？」
＊補足すると、こういう場合の「行く」は「行く」のままです。**「来る」となるのは、あくまでYou & Meの間のこと**であり、第三者や場所には使わないのです。

さて、夏目漱石の代表作『坊ちゃん』の代表的な書き出しを、多少の意訳も込めて『福岡ことば』にそれぞれ直してみることにしましょう。

原文：親譲りの無鉄砲で、子供の頃から損ばかりしている。
博多弁：親譲りん無鉄砲やったけん（＋くさ）、子供ん頃から損ばっかしとったったい。
北九弁：親譲りん無鉄砲やったけ、子供ん頃から損ばっかしとったっちゃ。
筑後弁：親譲りん無鉄砲やったけん、子供ん頃から損ばっかしとったったい。

3　上級

初級と中級では、語尾や接続語の、可能な限り三エリアにまたがって使われる表現を紹介しました。**上級は、いよいよエリアの違いがくっきり浮かび上がるような言葉**を扱いたく思います。

記すにあたり、著者はあるアンケートを作成し、メールにて友人知人に無作為に送信し、40通近くの返信を受けました（皆様に感謝、ありがとうございました）。

言葉を選んだ基準は、**博多弁**は、中洲川端商店街のアーケードに、『博多っ子純情』の作者である長谷川法世さんのイラストとともに幟（90頁に写真）で吊るされていた言葉。

北九弁は、市の広報誌『雲のうえ』17号の特集「しゃべりぃ、ことば」にて紹介されていたものから地域独自であろうと思われるものを抜粋。

筑後弁は、筑後弁で書かれた書物や現地の人からの助言をいただいた言葉です。

それを混ぜこぜにしつつ、あいうえお順に並べました。

アンケートの目的は、使われる世代的、エリア的傾向を、文字にできる程度で知りたかったことにあり、統計調査の類とは趣旨が異なるゆえ、あがってきた集計数字をここに明示する意味はないと思い、割愛させていただきます。

さて、なにがしかの傾向が文字にできるかというと……ひとまずですが、なんとかできました。こんな感じです。

▼三エリア共通〝上級〟と思しき福岡ことば

老若男女、エリアをまたがって、福岡人ほぼ全員が「知ってるし、日常的に使う」と回答してくれたのが、次の通りです。

【かべちょろ】やもり（宮守）のこと。

【黄なみ】（卵の）黄身。

【ごぼ天】（うどん等に入れる）ごぼうのかきあげ。

【こまめる】両替する。お金をくずす。

加布里本店
「今、そこで『ごぼ天』ば食うたところたい」

（今、そこで『ごぼう天うどん』を食べたところさ）

「ずるかー！」

（「ずるいー！」）


福岡で麺といえば、他県人は間違いなくラーメン、しかも豚骨ラーメンと言うだろうが、実は三エリアとも「福岡人のソウルフードはうどん！」と口を揃えるくらい、うどんは食べられている。中でも博多弁エリアは『牧のうどん』、北九弁エリアは『資さんうどん』、筑後弁エリアは『立花うどん』と、それぞれを代表するうどん店がある。トッピングの人気は、どこも「ごぼう天」と「丸天」が、店によっては「どちらにしますか？」と、暖簾をくぐっていきなり聞かれるくらい、不動の両巨頭。
☆衣裳協力：WILD MART

★例文
東京人「この1万円、5千円札1枚と千円札5枚に両替してきてくれない」
福岡人「こん1万円、5千円札1枚と千円札5枚に**こめてきてくれんね**」

【ぞろびく】 引きずる。
★例文
東京人「パンツの裾、引き摺ってるよ」
福岡人「ズボンの裾、**ぞろびいとるばい**」

【ばり】 とっても。ひじょうに。ラーメンの硬さの表現として使われることがあり、近年知名度上昇中。
★例文　かわいい女性に会ったとき。
東京人（声に出して）「おわ、すっげぇ可愛い〜」
福岡人（心の中で）「うわ、**ばり可愛か〜**」

「よそ見しやんな！」

（「よそ見しないの！」）

「うわ！ バリかわいか～」

（「うわ！ すっごいかわいい～」）

OVISEAMAN

福岡という土地は、どこに行っても、ほんの通りすがりでも目が釘付けになり、目で追ってしまうようなハッとする美人が多い。ゆえに、カップルでも、時には夫婦でも、こういうシチュエーションが起こったとしても、別段不思議ではない。撮影場所は、福岡でも日没が最も美しいと言われるデートスポットの「二見が浦」。
☆衣裳協力：WILD MART

【ぐらぐら】 腹が立つ。ムカつく。

★例文　気に入らない相手に対して。怒りが頂点に達したときにおもに使う。

東京人「アイツなに？　ほんとムカつくねぇ」

福岡人「アイツなんなん？　ほんっと**ぐらぐらするばい**」

＊薬缶の水が沸騰したときの様子を擬人化したんじゃないかと、著者は推察しています。

【なおす】 片付ける。しまう。

★例文

東京人「この魚をさぁ、冷蔵庫にしまっといて」

福岡人「**こん魚ばくさ、冷蔵庫になおしといて**」

【ほがす】 穴を開ける。

★例文

東京人「靴下に穴が開いてしまったよ～」

福岡人「**靴下に穴ばほがしてしもたばい～**」

＊実は、長崎弁や佐賀弁でも「ほがす」「ほげる」を使います。これは、熊本弁でも「ばってん」

（「しかし」「ところが」の意味）が使われるように、また、北九弁の「〜け」が広島でも使われるように、越境した言葉としてとらえたほうがいいかもしれません。ただ、それを追求する場合「いつの時期（時代）から使われるようになったのか」を、歴史考証も含めて調べる必要が生まれてきます。そこまで本格的な書物に仕上げるとなると、学者の片割れですらない著者にはお手上げな面があるので、あくまでアンケート作成の上で参考にした博多弁、北九州弁、筑後弁という扱いで、ここでは捉えていただけるとありがたく思います。

▼各エリア限定で通用することば

今でこそ同じ福岡県ですが、かつては藩が異なり、したがって使う言葉も大いに異なっていました。今でも、北九州の人には博多や筑後の、博多の人には北九州や筑後の、筑後の人には博多や北九州のことばに「？」となることがあります。その場合は、「どうしても知りたければ聞くか、聞くまでもないと思ったら、話の流れから判断する」とのことでした。

☆博多弁エリア

【しろしか】うっとうしい。

★例文
東京人「うわー、雨が降り出しちゃったね。鬱陶しいなぁ」
博多人「うわー、雨の降り出しとるけん。**しろしかー**」

【すったり】 さっぱりダメ。全滅。
★例文
東京人「勇気を出して告ったんだけど、沈没だったよ」
博多人「勇気ば出して告ったとばってん、**すったりやったったい**」

☆北九弁エリア
【ぎったんぎ】 指切りげんまん。

【たう】 届く。
★例文
東京人「背中の後ろで、両手届く？」
北九人「背中の後ろで、**両手たう？**」

「配達に行って来いやら、しろしか～」
(「配達に行ってきなさいとか、めんどくさい～」
「これは『白鹿』」
純米
白鹿
清酒2000ml

九州というと、反射的に焼酎と思う人が多いだろうが、福岡県の場合は清酒も同じくらい多く飲まれていて、特に筑後弁エリアは、筑後平野という米どころでもあり、醸造所も酒の種類も、焼酎に負けず劣らずである。それにあわせるように、いわゆる酒の肴がまた多品種で、どれも美味しい。通になると「この酒にはこれが一番」と、肴にこだわったりもする。
☆撮影協力：酒のプロショップ ナンバーワン
☆衣裳協力：WILD MART
＊註：『白鹿』は「しろしか」と掛けるための小道具として使っただけで、福岡産の清酒ではありません。念のため。

【びびんこ】肩車。

☆筑後弁エリア

【ぎゃん】とっても。ひじょうに。博多弁の「ばり」と同じ。

★例文

東京人「あの問題、すっげぇ難しかった」

筑後人「あん問題、**ぎゃん難しかった**」

【じでんしゃ】自転車。

＊そう言えば、今では全国的に自転車のことを「チャリ」と言ったりしますが、これはもともとは韓国語で、博多港から入港して広まっていったという説も、著者は耳にしました。確かに、古くは「どんたく」や「ビードロ」（福岡市の三大祭のひとつ『放生会《ほうじょうや》』の縁日では「ちゃんぽん」として売られる）みたいに、外来語からそのまま日本語（博多弁）に定着した言葉はいくつかありますが、さて、真相はどうなんでしょうかね。

【せんぽこ】豚の大腸。

▼絶滅危惧福岡ことば

次に、エリアをまたがり、福岡人ほぼ全員が「初めて見た」し「使わない」とまで言われてしまった福岡ことばを「絶滅危惧福岡ことば」と名付けてみましょう。その代表ともいえるのが、次に挙げるものです。

☆博多弁エリア

【いっきょん】コマまわし。

＊コマまわしという遊びそのものが、今や絶滅危惧という寂しい社会状況が背景にあると思います。

【すらごつ】嘘。「そらごと（空事）」と同義。

【ねずむ】ひねる。つまむ。ねじる。

★例文

東京人「痛い痛い、そんなに腕をひねらないで」
博多人「痛か痛か、**そげん腕ばねずまんで**」

☆北九弁エリア

【らんちん】 びー玉遊び。

筑後弁エリアには、該当する『絶滅危惧福岡ことば』は、今回ノミネートされませんでした。

▼世代間でギャップが浮かび上がったもの

これはひとつだけでした。

【あーね】 あぁそういうことね。

若い人ほど使い、年配ほど使わない。若い人と接する機会の多い学校の教師などは、どうやら合わせて使っている模様。「ちかっぱ」も含まれるかと予想していたら、案外知られていて、そのことはちょっと驚きでした。

なお、本文を書き進む途中、
「『あーね』ですが、東京でも使いますよ」

☆撮影および衣裳協力：WILD MART

版元から指摘を受けました。おっと、そうやったったい。

もし、そうであるならば「あーね」は、ネット間交流、それこそTwitterやLINEなんかによって一挙に伝わり広がった、新しい時代の方言と言うことができるかもしれません。さらに、福岡に限らず、全国津々浦々の若い世代が、どんどん新種の方言を生み出す土壌が、ネットを通じて生み出されることだって充分にありえると思うのですが、皆さん、いかがでしょうか。

▼アンケートにはなかったけど、やっぱりご紹介しましょう、的な福岡ことば

この項目で挙げた福岡ことばは、アンケートには含まれていないことばです。そもそもアンケートに選んだ基準には、先述の商店街や広報誌のほか、個人的ですが、喧嘩ことば等、あまりよろしくない表現を、意識して避けた気持ちが一部あります。それと、アンケートを発信したあとに「これは入れんと?」という指摘を受けたものもあったりしました。

ちょっと迷いましたが、江戸には完敗するばってんが、よくよく考えたら福岡人も気の荒かけんねぇ。人が社会をいとなむ以上、そんなケースもままある話。外すワケにはいかんやろうと思い直し(リクエストもあり)、洩れたことばとともに紹介してみようと思います。

結果、エキストラ的な見せ方になってしまったけれど、使用頻度はエキストラじゃないものもいくつか含まれていることを、お断りしておきます。

三エリアに共通、エリア限定に分けて並べていこうと思います。

☆三エリア共通

【くらす】殴る。

★例文

東京人「なんだとこの野郎。ぶん殴られたいのか」

福岡人「**なんな、きさん。くらさるっぞ**」

貴様がなまって「きさん」となるのは、一触即発シチュエーションの一コマです。ふだんの会話では登場しません。

【いち、にい、さん、やー!】立ち上がる時の掛け声

福岡の小中学校の体育時間、立ち上がる時の掛け声がこれとのことです。たいていの福岡本に同じことが書かれています。著者の観点をあえて付け加えるならば、この掛け声と同じものを、とある場で聞いたことがあります。博多祇園山笠の追い山のときです。タイ

ムを争うピリピリしたスタートのとき、「5秒前」のアナウンスとともに、「さん、にい、いち、やー！」と聞こえてくる合図の声。「やー！」には、そういう伝統のDNAがあるんじゃなかろうかと、著者は漠然とですが、直感的には腑に落ちております。

【りごう】 漢字で書くと「離合」。狭い道で車と車がすれ違うこと。

よもや、離合を方言と思っていた福岡人ドライバーは、滅多にいないと思います。

【のんかかる・なんかかる】 いわゆる「壁ドン」状態。ただし、ロマンチックでもなんでもなく、もっとだらしない状況。（壁等に）もたれかかる。

★例文

東京人「疲れてるからって、オレにもたれかかるなよ」

福岡人「疲れとぉやろうばってん、**オレにのんかかりなんな**」

北九人「疲れとぉやろうけど、**オレになんかかるなよ**」

【ぎっこんばったん】（遊具の）シーソー。

「疲れとぉとはわかるばってん、うちにのんかからんで」
(「疲れてるのはわかるんだけど、私にもたれかかるのはやめてよ」)
「も、もう目ば開けとれんごたる…」
(「も、もう目を開けてられないっぽい」)

いったんカップルになると、男は人前では強く出る傾向があるけれど、そうでない場合は、彼女や妻に甘えてくる傾向を、著者はよく見かける……。
☆衣裳協力：WILD MART

【かしわ】ニワトリ。

うどんと一緒に、福岡人は鶏飯もしくは鶏のおにぎりを頼むことが、なぜか多いです。メニューに「かしわ飯」と書かれてあります。ただし、鶏の唐揚げを「かしわの唐揚げ」とは言いません。同様に、チキン南蛮も「かしわ南蛮」とは書きません。

【そげん】そんなに。

エリアというより、人や気分によって「そがん」「そぎゃん」と変化したりします。著者も、とりあえず網羅しました。「そ」を「こ」、あるいは「あ」「ど」に変えると、英語で言う「such a ～」ができあがります。

★例文

東京人「そんな高価なものをかよ！」

福岡人「**そげん**高価なもんをね！」

☆博多弁エリア限定

【つやつけ】カッコつけ。たぶん「艶付け」からきたんじゃないかと思います。

★例文

東京人「いくらデートだからって、カッコつけすぎなんじゃないの？」
博多人「いくらデートやけんって、**つやつけすぎとぉとやなかかね？**」

【よかろうもん】 いいでしょう。自慢したいときや、許可をもらいたいときに甘えた感じで使うことが多い。

★例文1
東京人「この靴、ロンドン直輸入だぜ。いいだろ〜」
博多人「こん靴、ロンドン直輸入ばい。**よかろうもん〜**」

★例文2
東京女子「ママぁ、今度の日曜、デパートに行ったっていいでしょう？」
博多女子「ママぁ、今度の日曜、**デパートに行ったっちゃよかろうもん？**」

最もわかりやすい使い方は、博多華丸・大吉による漫才ですね。あれを見てると、膝を叩くくらい誰もがよ〜くわかります。

【しゃれとんしゃあ】 おしゃれですねぇ。

「いくらデートやけんて、ちぃとばかし、つやつけすぎやないと?」
(「いくらデートだからって、ちょっとばかり、カッコつけすぎなんじゃないの?」)

「つやつける」には良い意味と、このケースのように「やり過ぎ」感をいさめる意味の、大きく2種類あり、状況によってニュアンスが正反対に変わる。前者の例としては、毎年7月上旬に繰り広げられる博多祇園山笠の男衆の伝統的な出で立ち、手拭い・たすき・腹巻き・水法被・地下足袋他に、なんといっても締め込みに象徴的な、いわゆる「お尻ぷりん」の山笠スタイル10点セットという、「いつつやつけると?今やろ!」(「いつカッコつけるの?今でしょ!」)という気概あるからこその姿と言えるだろう。蛇足だが、博多祇園山笠の場合「やまがさ」ではなく「やまかさ」と濁らず、手拭いは「てぬぐい」ではなく「てのごい」と表記しなければ、容赦なく指摘される。
☆撮影協力:Bistro & Café TIME
☆衣裳協力:WILD MART

福岡県民なら知らない人はいないと言われるTVパーソナリティの山本華世さんの代名詞ともいうべき、人気情報番組の担当コーナーのタイトルがこれ。ただ、日常会話では若い世代ほど使わないこともあり、博多では「博多弁」じゃなく「華世弁」という認識の模様です。ただ、おしゃれ好きな博多っ娘を象徴する言葉でもあるとは思います。

☆北九弁エリア限定

【てれんぱれん】 のらりくらり。無職。投げやり。

北九州が、5つの市が合併して生まれた、日本初の政令指定都市であることを、思い出してみてください。つまり、最低でも5つの異なる文化があったということです。「てれんぱれん」は、そういう環境の中で、地区によって解釈がちょっとずつ異なっているようなのです。ただし「てれんぱれん」した子どもは例外なく「親や先生に怒られる」という図式が成立しているとのことなので、感心しない態度のことであるのは間違いないでしょう。

【ひっしまめたん】 一所(生)懸命。

漢字であらわすと、必死豆炭。由来は諸説あるようです。そして、同じ北九州でも使う使わないばかりか、意味の通じないエリアもあるそうです。博多でも使われるとありましたが、すくなくとも著者の範囲では「何なそれ？」との返答だったので、あえてこっちに入れました。著者や友人らはテスト前なんかに、「ひっしこっし」と言いつつ、酒をあけて追試の覚悟もしたりしてましたね。

【すいばり】 板やガラス等の、ささくれ。

【しゃっちが】 いちいち。わざわざ。どうしても。

意味から薄々わかるように、これは相手を「イライラさせた」ときの相手の言葉になるようですね。「またかよ！」とか「いい加減にしろ！」というニュアンスが含まれて出てくる言葉です。

★例文

東京人「ちょっともう！　いい加減に無駄話をしなくっていいだろう」

北九人「**しゃっちが！**　無駄話をせんでもよかろうも！」

「よかろうもん」とはなりません、意味もエリアも違うのです、こういう感じが、たまにひじょうに難しく思えるときが、著者には今なお、ままあります。

【ぬくい】あったかい。温かい。暖かい。

『雲のうえ』17号によると、「ぬくい」は数字ではなく感度とあります。一緒にいて暖かい気持ちになる、手をつなぐと暖かい……、そんなシチュエーション。ひとことで言うなら、愛情表現になりますね。

実は「ぬくい」、宮崎県でも日常語として使います。ということは、大分もでしょうね。宮崎では、数字としても使ってました。「今日はぬくいねぇ」というふうに。いわゆる豊日方言のひとつで、筑肥方言との分水嶺的なことばかもしれません。

【ねぶる】(しつっこいくらい)舐め回す。

★例文

東京人「恥ずかしいから、そんな舐め回すように見ないでくれる」

北九人「恥ずかしいけん、そげん**ねぶるように**見んでくれる」

これは、語感からいって、他の二エリアでもニュアンスは伝わる言葉かも知れません。

☆**筑後弁エリア限定**

【がまだす】元気出す。精を出す。頑張る。

宮崎県随一の観光地である高千穂町には、「がまだせ市場」という名前の産直市場がありますが、その「がまだす」と意味はまったくいっしょです。もちろん、宮崎と筑後にはさまれた熊本でも充分に通用し、また、使われています。ただし、車で1時間も離れていない延岡生まれ育ちの著者は、初めて聞いたとき「？」のオンパレードで、「カエルと何か関係があるんだろうか」と思ったくらいでした。同じ思いは、博多エリアの人や北九エリアの人も共有しました。先の「ぬくい」と同じく、これも藩政の名残りかもしれません。

★例文
東京人「筑後を離れても、みんなの顔を思い出して、ガンバレよ」
筑後人「筑後ば離れてん、みんなの顔ば思い出して、**がまだしぃよ**」

おおむね以上です。皆さんは、どのくらい知ってました（使ってます）か？

以前よりはるかに便利になった現代の交通事情や、仕事および学校での移動の結果、耳に馴染んでしまったことが理由に挙げられるかもしれません。ある意味、著者の学生時代と空気が近いかもしれません。

ただ、県内と県外での調査比較となると、また違った結果となるでしょう。そこのあたりは、言語学や方言の専門家の調査研究に委ねたく思います。

4　別格

別格というのは、地元で生まれ育った人間か、縁やゆかりがないにもかかわらず福岡ことばを愛してやまず、わざわざ積極的に使い、地元人も驚くくらい使いこなしている人（著者は、そんなひとりであると思い込む者です）でしかわからない（だろう）、というレベルの言葉です。

別格として、まず紹介したいのが、**時候の挨拶**です。しかも、典型的なものをひとつ。

（1）「拝啓。貴下におかれましては、ますますご清栄のことと御慶び申し上げます」

博多弁「なんしよーと」「なんばしよーとですか」
北九弁「なんしよん」
筑後弁　博多弁に、ほぼ同じ。

たいていの人が社会人になり、暑中見舞いやなんかで鸚鵡返しに使っている、いわゆる社交辞令の慣用句のひとつですが、福岡県庁の知人（生まれも育ちも福岡市中央区）にた

ずねたところ、

「あ、それやったら」

と答えてくれたのが、これでした。で、その話を北九州市役所の方に話すと、

「うん、表現がちょっと違うだけで、気持ちはおんなじ」

でした。これなら、文字制限１４０文字と短い Twitter などは特に、文字数節約にもなるし、いい変換だと思います。おそらく、福岡県内なら失礼にはあたらないと思いますが、他県出身者に使う場合は、あらかじめこのことをエクスキューズしておくべきでもありますね。その際には、本書を引用していただいてもかまいません。

福岡市内、特に博多の祭（神事）に「博多祇園山笠」があります。この期間中、祭にかかわる人々は、お尻丸出しの締め込み姿で街中を闊歩します。銀行で見かけて「びっくりした、いいの、あれ？」とおそるおそる聞いてきた東京の友人がいましたが、よかとです。今ではスーツにネクタイと同格のれっきとした正装なのです。強引に例えるならば、そういうことになりますかね。

あ、街中で会って普通に交わす「なんしよーと」「なんしよん」は、標準語では「こんにちは」「やぁ」にあたります。喧嘩吹っかけてるんじゃないですよ（笑）。

「息しとーと!」

(「息してたの!」

または
「ちぃーっす!」)

「生きとーと!」

(「生きてたの!」

または
「こんちは~!」)

「なんしよーと?」

(「何してたの~?」

または
「やっほー」)


直訳すると前者だが、日常的に使う場合は、第1章の藤田昌弘氏のエピソードにあるように、顔見知りどうしの挨拶がわりの台詞として、頻繁に使われる。つまり、英訳する場合、「なんしよーと?」は「What are you doing now?」では決してない。あえて訳すなら「How are you?」もしくは「What's up?」が、ニュアンスとして近いだろうと思う。ただし、ほんとうに「質問」として使うこともあるので、LINEなどのやり取りで登場してきたならば、ちゃんと答えてあげていただきたい。
☆撮影および衣裳協力:WILD MART

次に、新しめの福岡ことばとフレーズを。

ビートルズの映画『ビートルズがやってくるヤァ！ヤァ！ヤァ！』の中で、ジョージ・ハリスンが、とある鼻持ちならない登場人物の自慢話に並行して、思わず

「グロッティ」

と言い放つ場面があります。これは、「グロテスク」という表現をそのまま使うとニュアンスとして異なるため、「〜っぽい」という意味での「〜ッティ」を使ったとされています。脚本にあったのか、ジョージの即興なのかはわかりませんが、こういうケースが福岡県内で生じた結果、新たに生み出された方言ニューウエーブとでも言えばいいのではと思います。

(2)「ちかっぱ」

アンケート結果で意外に知られており、著者的にちょっと期待はずれだった創作弁。現在40歳前後の人たちはすでに使っていたようです。50歳を過ぎると「知らない」「使ったことがない」「娘が話してて、思わず意味を訊いた」という反応がかえってきました。

一応、いくつかの博多弁の本、方言の本等、あるいは聞いた話を総合すると、もともとは「力一杯」が語源で、いつしか省略して一部で使われていたのが徐々に広まり、今では

一般的に認知され、しかも好んでつかわれるようになった、ということになるのでしょうか。同じ意味だと「ばり」がありますが、こっちはラーメンの固さを言う時みたいに軽く、もっと強い言い方をしたいときに使います。筑後だと「ぎゃん」「ばっさ」などに該当します。

(3)「あーね」「あーよ」

ＮＨＫ宮崎放送局の方言番組をたまたま見ていたら、九州各局のアナウンサーやキャスター代表の方々が集まって、新しい方言について高校生たちと討論会のようなものをやっていました。そこで著者は、初めて「あーね」「あーよ」の存在を知りました。番組の中では、最初は宮崎の女子高生たちが、いろんな局面における自分たちの割り切れない気分を割り切れないままに出したのが、ネットを通して九州全土に広がっていったというふうに、そのときは締めくくられていたと記憶しています。「あーよ」は、言われたものが、そのまま「同意」のニュアンスで返すときに使う模様です。

「あーね」は、「あぁ、そういうことね」が縮められたもののようですが、これまた正確な出処ははっきりしていません。ＮＨＫのさらなる追究を、心待ちにしたいと思います。

ちなみに、著者は違和感があるため、どっちかといえば「そげんね」「そうたい」のほうを、きっと無意識に使ってると思います。

(4)「人はどうか知らんばってん」

ひとつ寄り道を。

これは、方言というよりも福岡人の根っこに脈々と流れる、ひとつのソウル＝魂が、ある瞬間にぽっと飛び出す、その枕詞、ワンクッションの表現でもあります。

ご存知のように、福岡人は集まるのが好きです。皆で飲んでわいわい騒ぐのが大好きです。目立ちたがり屋というより、出たがり屋が非常に多いのです。結果的に目立つ分にはかまわないが、目立つことそのものを目的とするのは、じつは好まれません。

しかし、一方で、誰かと比較されることを極端に嫌います。個人はもちろんのこと、いち県人としてもです。著者も学生時代に、この意識を植え付けられました。

植え付けられ、定着した後に、就職で東京に行くと「あれ知ってる?」「これ流行ってるよね?」という類の話がポンポン飛び出して、最初は新鮮でおもしろがっていたのですが、だんだん鬱陶しく感じてきたのです。理由は、まるでそういう最新事に乗っからないと一人前じゃない、みたいな空気を感じてきたからです。

最初の職場が、広告代理店だったこともあり、「知ってる?」「流行ってる?」は、特に挨拶代わりに使われていました。

で、あるとき、業界の先輩数人と飲みに行き、同じ上京者のくせしてすっかり東京に「染まっちゃった」浮かれポンチキ3歳上（先輩、ごめんなさいね、でも訂正はしません）が、何かの話題を得意そうに振ってきたとき、著者が放ったひとことが、これだったわけです。

他人の成果を上前だけ拝借したかのような自慢意識というのが、たまらなく下品で不愉快。誤解を怖れず言うならば、そういうことです。ゆえに、この枕詞を皮切りに、自身の本音を言った後には、こういう表現で締めくくるのです。

「別に知らんでも、死にゃあせん」

もしも福岡人と話してて、「人はどうか知らんけど」と切り出されたら、ちょっと覚悟したほうがよろしいかと思います。ちなみに、返しで「そんなじゃ東京で食っていけないぞ」とポンチキから言われた著者（当時25歳）が、締めの締めで返した言葉が、これです。

「それ、あんたのオリジナルじゃなかろうもん」

その数カ月後に、会社を辞したこととはなんの因果関係もありません。

ここ数年、著者はまた、福岡との繋がりが濃くなってきましたが、街の様相はすっかり変わっても、エリアを問わず福岡人の持つ、この共通したソウルは変わってないことを知り、とても嬉しい思いです。

（5）著者の学生時代の〝福岡ことばのようなもの〟を思い出す限り

本章最後は、著者が学生時代に聞いたり使ったりしてはいたものの、あまりにピンポイントゆえなのか、はたまた話していた人の創作だったからか、今ではいっちょん（全然）耳にしない表現を、いくつか列記しておきたいと思います。

これらは、博多弁なのか北九弁なのか筑後弁なのか、よくわかりませんが、福岡ことば的であることは確かだと思います。

【やーろ】

友人だった福岡市内の双葉学園女子高生が、よく使っていました。意味としては「な～んちゃって」とか「～でしょう？」とか、そういう感じでした。

（語尾につく）【ちゃりぃ】

九大マンドリンクラブの1年先輩（筑紫丘高校卒）が、ある日突然に、「ちょっと、ギターば取っちゃりぃ」とか「自転車ば貸しちゃりぃ」という使い方を始めて、1～2週間はそればっかり言い続け、あるタイミングで飽きたのか、ぴたりと止めた表現です。

「ちゃ」がはいってるから、北九弁を変形させたものかもしれませんが、真偽のほどは不明です。

ま、わざわざ訳さなくとも、ニュアンスで意味はおわかりいただけると思います。ぼくも、気に入ってしばらく真似して使ったりしましたが、後続があらわれないまま、尻すぼみになっていきました。


【ぺらか】

これだけは著者オリジナルです。ある種「ちかっぱ」「あーね」と同じような、とある言葉の省略形から、そもそもは始まりました。

前評判のとてもよかった映画を観に行きました。しかし、正規の値段ではいったにもかかわらず、非常におもしろくなかった。何より、心理描写が全般に薄かったんです。映画館を出て、当時の足だったＨＯＮＤＡのダックスで家に戻りながら、つい、

「ぺらか〜」

と言ってしまったんです。要するに「薄っぺらい」の「薄っ」を省略して「ぺらい」となり、さらに「い」→「か」の初級アレンジで作り上げてしまったのでした。

著者の場合、主にレコードや、コンサートや、映画や、本なんかに対して、期待はずれ・ガッカリな度合いがとても強かったときに、一時期多用していたように記憶しています。世の中の音楽がニューミュージック一辺倒になり、『スターウォーズ』みたいな単純ストーリーの特撮映画がどんどん出てくるようになったころが使用のピークでした。

その後、博多ロック（いわゆる『めんたいロック』）に出会い、そういう「ぺらい」分野は視界からバンバン外していき、やがて自分でも忘れてしまうくらいの用語になって今に至ります。

が、今回の執筆がスイッチとなり、いきなり思い出してしまったこともあり、ちょっと紹介させてもらいました。

ひょっとすると、今日も県内のどこかで、これと似通った感じで、新しい博多弁、北九弁、筑後弁なんかが生み出され、広まりつつあるかもしれません。

本章の締め括りとしてひと言。世代が変わり、街並が変わると、言葉も変化する可能性を秘めています。実際のところ、本章で取り上げた言葉、たとえば**「ばってん」なんかを使う若い人は極めて少なくなっています**。一方で、交通機関の発達で国内の往き来が容易になったこと、加えてネットによるＳＮＳコミュニケーションの大普及が、例にもあげた「あーね」のように、土地特有の方言を思わぬ場所で普及させてきたという事例も、どうやら増えつつあるようです。実際、そういう現象を学術レベルで著された『方言コスプレの時代〜ニセ関西弁から龍馬語まで』（田口ゆかり著）という本に、そのあたりの事情が、より詳しく書かれております。

同時に、藩政とともに定着していった方言の中にも、第2章でも書いたように大きな括りがあって、長崎や熊本でも使われる方言がいくつか、『福岡ことば』として紹介した中にもあります。関東エリアの「だっぺ」や「だべ」、関西エリアの「やねん」みたいな広がりと考えてもらえると、エクスキューズになるのではないでしょうか。

しかし、ベースとなる県民性なんかは、そうそう大きくは動かないでしょうから、読者のかたがたも、日常生活の中で「使ったらおもしろいだろう」という閃きを、どんどん生んでいってもらえればと、心から思います。

中州川端商店街のアーケードに掲げられた長谷川法世氏イラストの「博多弁」の幟。

第4章　「福岡ことば」にまつわるエピソード集

本章は、第3章のような実用性を意図した作りにはなっていません。作りになってはいませんが、福岡三エリアによってバラバラな、あるいは共通した言葉や表現の生み出された背景や意味するところを知ってもらうことで、第3章で挙げた方言のニュアンスを、すこしでも理解してもらえればという思いがあります。

ひるがえれば、狭い狭いと言われる日本ですが、たった福岡県ひとつとってもこんなに多様性があるんだと、皆さんがそれぞれお住まいの地元を、見つめ直すきっかけになってもらえるとやないかと、ちょっぴり期待しとるとです。

1　福岡方言特別三区と、消えた「福岡弁」について

第2章の歴史でもちょこっと触れましたが、大きく三エリアに区分される福岡の方言は、さらに細分化することだって充分に可能です。メインの交通機関が徒歩、よくて馬、情報獲得手段が参勤交代か、旅人の宿話くらいしかなかった時代、各エリアで三方言をベースにしたさらにディープな方言が純粋培養されていったことは、福岡に限らず間違いのないところでしょう。

現在の福岡県は、著者が大学時代を過ごした30数年前と比較しても、ずいぶんと便利になりました。そのうえ、ネットの発達によって、方言の純粋培養という環境は、はたして存在するのかなと思われます。しかし、地域特性なのか、はたまた地元愛の強さなのか、それとも別の要因でもあるのか、大きな三弁の中でも「あすこの言葉はちょっと違う」と言わしめるものがいくつか存在します。

細分化しだすとキリがなくなるので、本書では、そんな特例の代表を1エリア1つずつ紹介していきたいと思います。

（1）糸島弁（博多弁エリア）

生まれも育ちも住まいも仕事も糸島という約60歳の友人山北マサトさんが、まだ中学生か高校生ごろの話です。友人と博多駅にいたところを、交番の巡査さんから呼び止められました。

「こらこら、君たち今日はなんごとな？」

山北少年、いつも地元で話すように答えたところ、

「お前、糸島んもんやろが」

いきなり言われ、しかも的中していてびっくりし、反省より前に、なんでわかるとですかと問い返したところ、

「**『〜しよったとです』ち言い方する**とは、糸島んもんしかおらん！」

こう断言されたそうです。

「あれが糸弁（**糸島弁**）とは、そんときまでこれっぽっちも思いよらんやったねぇ」

40数年の時を経て、そのときのショックは今でもありありと覚えているそうです。

糸島は、地勢的には福岡市の西に位置し、福岡市西区の一部と旧志摩町による糸島半島、それと旧前原市およびすぐ西隣が佐賀県唐津市である旧二丈町の1市2町が合併して誕生

した糸島市エリアを指します。

歴史的には、その昔伊都国があったとされ、古墳や遺跡、土器等の国宝級の発掘物が今でも頻繁に出現しています。『万葉集』や『続日本紀』などにも登場するなど、九州で最も古くから名前が挙がっている地域でもあります。唐泊という地名があるように、唐や新羅との交流の中継地でもあり、ちょっとくだると元寇防塁が築かれました。

著者は大学生のころの糸島を、日帰り不可能な僻地という感覚でとらえていましたが、『南仏プロヴァンスの12カ月』の大ヒットあたりから、大都市郊外に美しい自然が手つかずであるということで、まずは福岡在住の外国人が好んで別荘を建てたり、ビーチ沿いにしゃれたカフェやレストランがオープンしたり、同時に地元の若者や移住者たちによる自発的な地域活性化活動によって、**今や「九州の鎌倉・葉山」的なエリア**へと変貌を遂げました。「糸島」だけで、独立した観光ムックまで作られるほどです。

糸島市は、人口流入が流出をうわまわる福岡市のベッドタウンでもあります。母校の九州大学も糸島に完全移転の途上にあります。

そういう観点から言うと、純粋な糸島弁を使える人は徐々に減っているし、機会も減っていると思われます。それでも、博多弁エリアでは使われない表現が、いくつかのこっている模様です。

先述の山北さん曰く、

「糸島人は、まじめに人に話をするとき、特に真剣な相談をもちかけるとき、**つい『あのくさ』を使う**とが特徴やないかいなね」

あのくさの「くさ」は、「ね」つまり標準語での「あのね」という相談持ちかけ言葉になります。そう言えば、学生時代の著者は、何かに付け「あのくさ」「それでくさ」と、なかば面白がりながら言っており、てっきり博多弁とばっかり思っていましたが、糸島が出処だったとは！

それと、たとえば「バンドやろうぜ！」という意味合いで「バンド**しよぉえ！**」と言う人がいたら、その人も間違いなく糸島人だそうです。蛇足ながら、今の糸島には、名前は控えますが福岡ゆかりの著名ミュージシャンがスタジオを建てたり、別邸を作ったりと、隠れた音楽発信基地としての潜在的魅力も溢れてきつつあります。ひとりの糸島人が始めた音楽イベントは、「サンセットライブ」として、今や晩夏の全国規模の音楽イベントにまで成長しました。

実は、邪馬台国は糸島にあったかも……という話も風のように届いてきたので、ためしに『邪馬台国の言語』（長沢夏樹著）で探ってみたのですが、残念ながら手がかりすらつかむことができんやったとです（はい、糸弁〆）。

(2) 筑豊弁(北九弁エリア)

「筑豊ナンバーの車を見たら、道を譲らんといかんよ」

博多で運転の話になると、半ば冗談めいて言われるセリフがこれです。真意を知りたいならご自身で確かめてもらうとして、**筑豊とは、飯塚、田川、直方を中心にし、かつて炭坑で栄えたエリア一帯**を指します。ちょうど福岡県の中央部にあって、博多弁、北九弁、筑後弁のすべてのエリアと接しています。

「炭坑で」と書いたことからもわかるように、明治時代になってから急速に発展し、栄え、石炭時代の終焉とともに一気に衰退しました。

衰退期に突入したあたりの筑豊弁を知りたいならば、**五木寛之**の代表作でもある『**青春の門~筑豊編**』を読むのが、最もわかりやすいのではと思います。

「炭坑開発で急に全国各地から人が増えたことで、誰にでも通じる言葉が必要だったことと、(炭坑夫は)命がけの仕事だから、可能な限り短く、端的に、断定的に、瞬時に、意図するところを伝えなければならない環境だったこともあり、外の人が聞くと荒っぽく感じるのでは」

誰の発言だったのか、もう特定が怪しいのですが、この考察にはうなずけるものがあり

馬鹿も利口も
命はひとつたい
やるんか
萌えますね～
よかねえ
寡黙な男のひと言

ました。

著者が実際に赴いて、話をうかがった範囲では、語尾やなんかに、あえて書き記すくらい際立った特徴のようなものは感じることができませんでした。「ばい」「たい」「ちゃ」「ち」は、日常会話として使われておりました。そして、若い世代になるほど、この傾向は顕著にも感じられました。

そんな中で、お！と思った言葉を数例あげておきます。

まずは、**田川出身**で今も地元でウェディングプランナーの仕事をしている畑迫良恵さん。

「田川では『うそばっかり』というところを『**うそんじょ**』って言いますよ」

ご本人のキャラクターあってのことだと思いますが、個人的に「うそんじょ」は萌えました！

「あと、『福岡』のことを『**ふこぉか**』、『しとった』を『**しちょった**』って言ったりします」

筑豊に関しては、以前、原宿にあったラーメン店「ばさらかラーメン」の『ばさらか』の意味を聞いてみると、

「あれは正確には『ばさら＋か』で、『**ばさら**』が方言。すっごい、非常にという意味で、くっついた『か』は、博多弁の『か』と同じです」

ちなみに「ばさらかラーメン」は、お膝元では、しっかりその名前を冠して営業してい

る姿を見かけました。

「あ、私たちは『ばさら』じゃなくて『ばっさ』って使ってました」

こう話してくれたのは、**飯塚出身**で東京の大学を卒業後、今は福岡市内で公務員をしている20代後半の女性ＲＭさん。

「飯塚を出て『何それ、どういう意味？』と通じなかったのが『**またごす**』ですね。意味は、跨いで渡るです。あと、これは飯塚とか筑豊全域でかどうかはわかりませんけど、中学校までは騎馬戦のことを『川中島』って、当たり前に言ってましたね」

筑豊エリアに関しては、歴史も含めて、まだまだ奥がありそうですが、キリがないのでほんのサワリ程度で抑えておこうと思います。

飯塚には「ちゃんぽんうどん」なる著者初耳のソウルフードがあり、ＲＭさんは家族で外食となると、よく国道２００号線沿いにある「松葉」で、これを食べるのが楽しみだったそうです。名は体を表わすがごとく、麺がうどんで具はちゃんぽんとのこと。

筑豊追加取材の機会を作らねば、そんな食欲……もとい職欲に駆られてしまいました。

(3) 柳川弁（筑後弁エリア）

筑後エリアの中で、城下町としての風情を今なお残し、**旧柳河藩**だった**柳川市**全域に、

八女市と**大川市**と**みやま市**の一部を含む地域で使われていました。今は、筑後弁や博多弁と混じりあい、若い層になるほど柳川弁色は薄くなっている模様です。

九州の一大穀倉地帯にして、物流の拠点だった筑後は、農業と商業の混在の中から、筑後弁が育まれてきたものと思われますが、そんな中にあって、かつては城下町として栄えた柳川の柳川弁は、たぶん異色な響きを有しているのではないでしょうか。

文献から見えるのは、丁寧語や敬語の多さです。地位や階級によって、同じ内容でも言い方がずいぶん変わっていくようです。

「どこ行くの?」という問いかけを例にとると、相手への敬意の度合いによって、なんと**6段階もの言い方**があります。敬意が高くなればなるほど、長くなっています。

「どこさん行きよるか?」
「どこさん行きよるかい?」
「どこさん行きよるかん?」
「どこさん行きよるかんも?」
「どこさん行きよりめすかんも?」
「どこさんおいでよりめすかんも?」

あと、これは城下町に共通する表現かもしれませんが、**動詞に接頭語をつけ**、**強調**することも柳川弁にはあるようです。たとえば「くらす（［殴る］の意味）」を「こっくらす」とか、「ほがす（穴を開ける）」を「つっぽがす」という用法です。

ちなみにわが故郷の延岡も内藤藩七万石城下町で、著者も同じように接頭語をつけた表現は頻繁にしていました。「だるい」ならともかく「ひんだりい〜」と言われて、わかる人いますかねぇ（笑）？

じゃあ、柳川弁なう、はどうかと、お隣りみたいな久留米の生まれ育ちの豆津橋渡さんに聞くと、

「書いても違う柳川弁は、やっぱり『**なしけん**』ですかねぇ。何故という意味ですが、久留米じゃ『なして』ですからね。あと、英語で言う『must do』、これはぼくたちは『〇〇せなん』と言いますが、**柳川の人は『〇〇せんならん**』と言います。同じく英語の『very』も、柳川ん人は『**ぎゃん**』ば使いよります」

ということです。

筑後弁の中心である久留米では「very」は「ばり」「がば」「ばさろ」といくつかあって、それぞれ、博多弁、佐賀弁、筑豊弁、およびその変化形を混用してるのではないか、とのこと。このあたりが物流拠点、つまり言語交流地の面白いところでしょう。

「あ、『ひんだりい〜』と良く似た筑後弁に『**ひだるい**』というのがありますよ、意味は

お腹が空いたです」（豆津橋さん）

久留米のグルメ関係のイベント会場に、もしも足を運ばれる機会があったなら、「豆津橋さ～ん、ひだるい～何か食わせて」と大声を出すと、久留米きっての食通の豆津橋さんが、きっとにこやかな笑顔と、とびっきりの久留米グルメを、有料でふるまってくれることでしょう（笑）。

（4）消えた福岡弁

実は、**福岡弁はちゃんと存在**していました。黒田長政が福岡藩（黒田藩）を開き、城下町となったエリアでの、ざっくりいうと**武家言葉**です。「**がっしゃい言葉**」とも言われるように、「○○してがっしゃい」みたいな使われ方をしていたようです。檀一雄の小説『リツ子・その愛』（おそらく）にも、戦後の焼け野原でいやに陽気な老人がビールを嬉しそうについで、

「まあ、飲んでがっしゃい」

と主人公に声をかけるといった描写があるそうです。うろ覚え、たいへん失礼。なんせ、博多区図書館でも、福岡市内でまわった数軒の大型書店でも、なぜか檀一雄の小説で検索して、出てくるものと言えば、ほぼ『火宅の人』か、よくて『真説石川五右衛門』程度で

したから。DANといえば、今や蜜の時代ですからね……重ね重ね失礼！

さて、著者は、黒田藩城下町の名残が今なおちょこちょこ残る、中央区西側の、今の町名で言うと荒戸から唐人町、そして地行にかけて、歩く人びとに声をかけて訊ねてみました。博多とかかわって約40年になりますが、実際に歩いたのは初めてです。

そこで出会った当年86歳の地元男性は、こう言いました。

「オレが小学校んころ、60くらいの婆様が、そげな言葉ばしゃべっとったんを耳にしたことあるばってん……」

唐人町に今なお残る、由緒あるアーケード付商店街で買物する親子連れは、

「言わんし聞かんし知らんねぇ」

概してこういう対応でした。

当仁公民館で「あの方なら、ちっとは詳しく知っとらっしゃるやろうかねぇ」と、大佛大圓寺（五重塔が美しい！）第32世住職の波多野聖雄さんをご紹介いただきました。

「**福岡弁は、つまり岡山弁のことですね。黒田藩に仕えた武士言葉です**。武家住まいはだいたい今の大手門から荒戸、唐人町、地行にかけて作られていました。大手門あたりが六百石くらいで、西に向かうほど身分は低くなり、地行は百石未満の足軽が住む長屋でした。従って博多弁とは異なります。『たい』も『ばってん』も、もちろん使いませんでし

た。階級があったので、敬語が多かったと思います。私は当年84歳ですが、記憶にあるのは、先ほどの86歳の方と同じです」

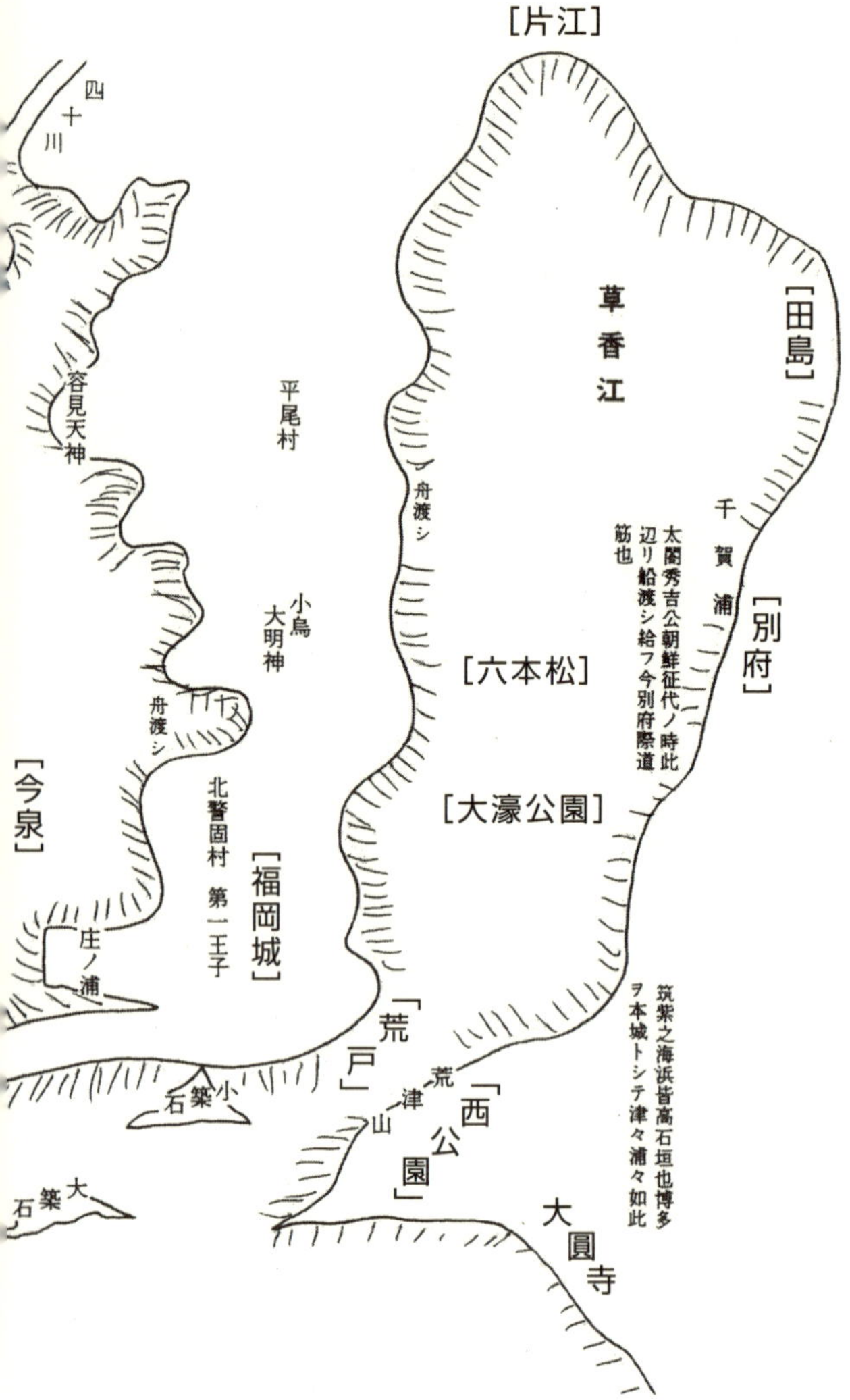

鎌倉時代の地図の絵馬（住吉神社蔵）

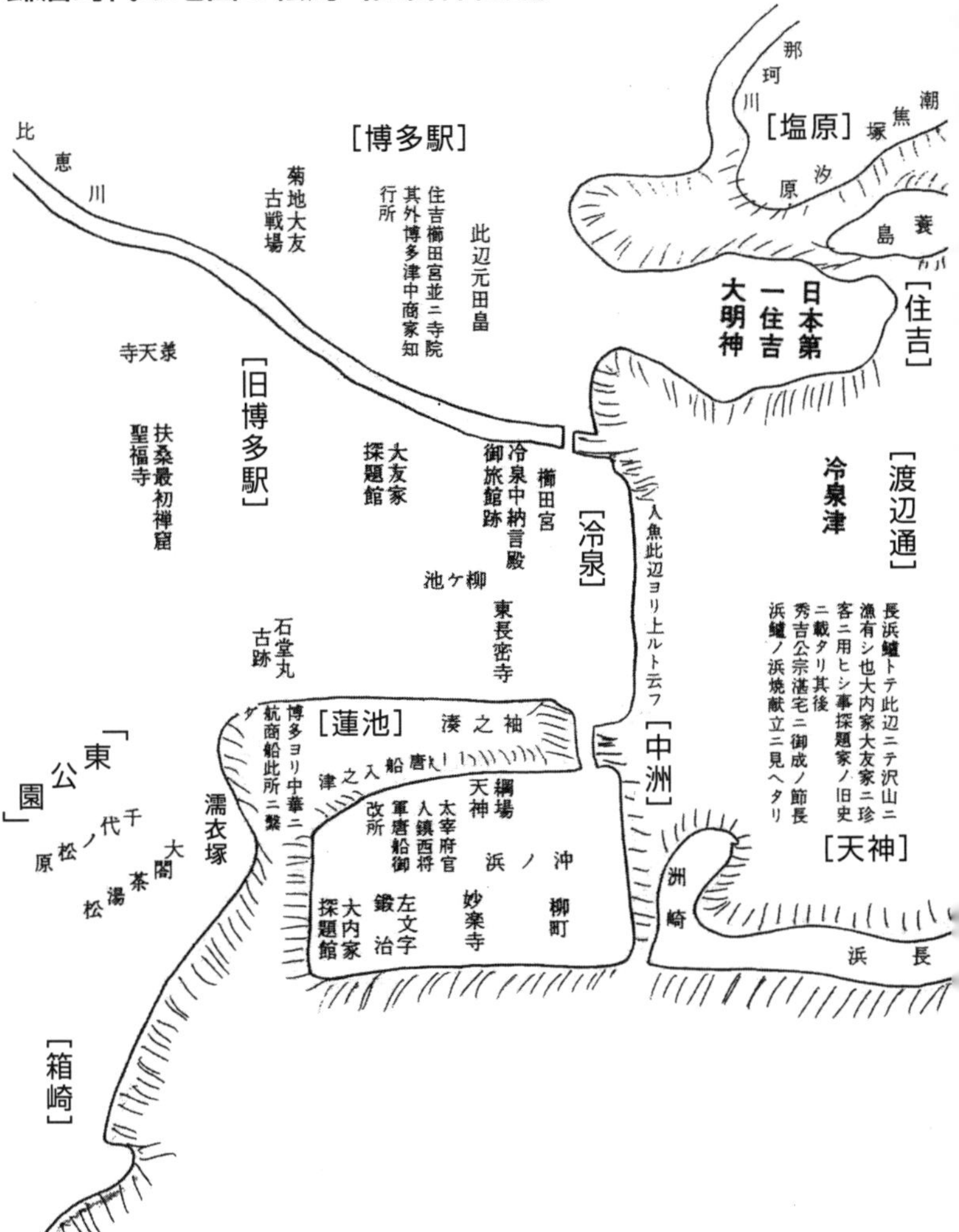

明治から昭和になり、階級制度が廃止されても、福岡弁は確実に使われていたそうです。ただ、先の戦争で空襲により、福岡弁エリア一帯が焼け野原になってしまい、それをキッカケに地元を離れる人が相次いだとのことです。それとともに「がっしゃい」言葉も、自然に聞こえなくなりました。

「私などは、純粋な岡山弁と、福岡に来てからアレンジされた岡山弁（＝福岡弁）の区別は今でもつくと思いますが、もし、話せる人が現存されていたとしたら、単純に計算しても最も若くて140歳あたりでしょうからねぇ。こんなことになるなら、テープにでも録音しておけばよかったと思います」

穏やかながらも、無念そうに波多野住職はおっしゃっておりました。

今の福岡の海岸部には長浜という行政区名があります。豚骨ラーメンで有名な「長浜ラーメン」のあるあたりです。字は体をあらわすがごとく、以前はほんとうに浜が長かったのです。住吉神社の古い看板地図によると、現地名の荒戸から須崎まで、延々数キロにわたっていたようです。そして、海側には元寇の防塁がずーっと築かれていたそうです。

唐人町の一帯には寺も多いのですが、全部の寺が防塁に沿って建立されています。そして、海から防塁を越えたところには、共通して墓地が作られていました。

「なぜかというと、もしも外敵が攻めてきたとき、墓石群がバリケードの役割を果たすようにという、防衛的意味合いもあったんですね」

すると、墓場が碁盤の目状ではなく、ところどころで道が曲がっていたりずれたりしていたのは、矢や鉄砲が貫通しないための、戦略的配置なんですね、と聞くと、住職は穏やかに首を縦にふられました。

言葉とは関係ないかもしれませんが、個人的にものすごく先人の知恵を感じ、目から鱗が落ちたので、あえて紹介しておきます。

そんなこんなで、福岡弁は今では、ほぼ１００％聞かれることも、ましてやしゃべる人も、いらっしゃらない、絶滅危惧種どころか絶滅種ということで結論づけて、間違いないと思います。

万が一、本書を読まれ「断ずるにはまだ早い、私はまだ話しますよ」という方がいらっしゃるなら、ぜひとも名乗り出ていただければと思います。喜んで前言を撤回させていただきます。

2 「濡れ衣」「夢野久作」「豚骨」——福岡発の代表的一般語

1 濡れ衣

無実なのに犯罪者にされてしまうことを法律用語では「冤罪」と言いますが、一般的には「濡《ぬ》れ衣《ぎぬ》」で充分通じます。根も葉もない噂をたてられることを「濡れ衣を着せられる」と表現します。日常会話では使いませんが、西村京太郎シリーズなどミステリードラマなんかでは、お決まり用語でもあるかのように使われているようです。

福岡市博多区の石堂川沿いに、とある石碑がぽつんと立っています。「**濡れ衣塚**」です。話は奈良時代に遡ります。筑前国司の佐野近世の後妻が、先妻の娘を妬み、猟師の濡れた着物を娘の部屋に置き、密通しているといって陥れました。後妻の話を真に受けた近世は、娘を斬殺します。しかし、後に事実を知るところなり、たいそう悲しみ後悔し、懺悔の気持ちを込めて塚を建てました。

この伝説が、時を経て「濡れ衣」を一般名詞として定着せしめたのです。

2　夢野久作

福岡と言えば九州男児、細かなことは面倒くせぇ！な勢いをイメージする人は、今なお多いようです。しかし、実は福岡、マニアックな耽美派芸術家を、しれーっと輩出しているエリアであることを忘れてはいけないと個人的に強く思います。

絵画界では日本のシュールレアリズムの先駆者である古賀春江が久留米から、そして、ここに紹介する奇妙な名前の作家は、博多の出身です。本名は杉山泰道、ペンネームを夢野久作と言います。そうです！『犬神博士』、そして日本三大奇書のひとつである『ドグラマグラ』の作者です。

福岡市小姓町に、玄洋社系の国家主義者の大物である杉山茂丸の長男として生まれた久作ですが、病弱にもかかわらず、少年時代の渾名は「地球儀」でした。要は、アタマが異様にデカかったということです。ちなみに著者小学校時分の延岡では、「かぶんす」（算数用語の過分数）＝デカ頭でした。

陸軍（少尉）に慶応ボーイ、そして農園、さらに新聞社と実にユニークな経歴を持っており、新聞記者時代に書いた処女作「あやかしの鼓」が応募した懸賞小説に選ばれました。選者のひとりだった江戸川乱歩は、この作品はそんなに評価しませんでしたが、後にどん

あ、ただいま
「くたばって仕舞(め)い」
こと、二葉亭四迷さんが
いらっしゃいました
すいません
遅くなりました
おっ、
杉山泰道こと、
夢野久作だ
と、いうことは
後ろからくっついてきよる
ヘンな奴は・・・
「夢の久作」?

どん彼に肩入れし、やがて久作は文壇での独自の地位を確立したのです。

で、なぜに夢野久作がこのコーナーに、というと、実はもともと博多では、頭の中がお花畑のようで、夢ばかり追う間の抜けた人物のことを総称して「夢の久作」と呼んでいたようなのです。

実際、応募に当たって処女作を父親の杉丸に見せたところ、感想はひと言。

「夢の久作さんの書いたごたる小説やねぇ」

実父の素っ気ない感想のひと言から、一度聞いたら忘れられないペンネームが生まれたとは「！」です。

蛇足ですが、久作の兄・杉山龍丸はインド緑化の父として、インドでは大恩人という存在です。

3　豚骨

江戸末期に開港した長崎・神戸・横浜・函館などで生まれた、中華街で出されてた麺料理が元になり、ラーメン元年とされる1910年に、浅草に開店した「来々軒」から一気に全国に広がったのがラーメン。当初は鶏ガラ出汁の醤油、次いで塩、味噌の三種類が主流でしたが、やがて久留米の地からニューウエーブとも呼べるスープが誕生しました。それが、**豚骨《とんこつ》スープ**です。

1937年（ラーメン27年）、西鉄久留米駅前に屋台「南京千両」が開店。創業者の宮原時男が横浜中華街や東京で麺修業の後、長崎チャンポンをヒントに考案したのが初代豚骨スープでした。初代と書いたのは、南京千両の豚骨は、まだ皆のイメージしている白濁豚骨じゃなかったからです。

それからさらに10年後、久留米に「三九」が開業します。店主の杉野勝見が外出の際、うっかりスープを強い火力で沸騰させてしまいました。戻ってスープが白濁しててびっくり。しかし口にすると美味い。こうして瞬く間に全国規模になる九州ラーメンの代名詞、二代目白濁「豚骨ラーメン」が誕生したのです。今では豚骨といえば、一般的には二代目の偶然作成スープのことを指します。初代「豚骨」は、今でも南京千両で食べることができます。

豚骨ラーメンはその後、久留米から北上して博多豚骨ラーメンになり、替え玉などのシステムを生み出しました。また、南下して焦がしニンニクの玉名ラーメン、さらに南下して熊本ラーメンとなりましたが、博多から東進して北九州ラーメンとなったかというと、若干「?」となります。

北九州では、なぜか久留米ラーメンとして営業している店が多いと著者は感じました。著者をはじめ九州人、特に福岡人にとって、塩、とか味噌、などと、かしらにつけない限り、ラーメンはすなわち豚骨のことです。

蛇足ですが、著者が大学時代に初めて行った札幌で、いつものようにラーメンを頼んだところ、予想と違う色と匂いのスープが出てきて、思わず、

「なんね、スープが豚骨やないとね」

ぼそっと言ったところ、その言葉を聞き逃さなかった全国共通の頑固麺職人のご主人から、

「なんだと! 嫌なら食うな、出て行け!」

えらい剣幕で怒鳴りつけられた体験が、今でも鮮烈に思い出されます。

3　それぞれの「川ん向こう」

資料や文献をもとにした企画段階での目次案では、含まれるとは夢にも思ってなかった項目のひとつが、これです。それぞれのエリアで、方言と同等の生活密着面での重要性を持つ表現です。

「川の向こう」

三エリアどこでも「の」→「ん」により「**川ん向こう**」と言いますが、その意味するところは全部違っており、どれも興味深いものばかりです。

(1) 博多弁エリアの「川ん向こう」

ここで言う博多の川は二つ。**那珂川**と**御笠川**です。ともに幅50ｍに満たない2つの川に挟まれているのが、**中洲**です。一般名詞としての中洲は、読んで字の如く「川の真ん中にある洲」のことですが、博多では、非常に特殊な産業が密集しているエリアとして、全国にも名を馳せている、堂々たる固有名詞です。

呼び方は一般的には「なかす」ですが、博多んもんは昔ながらの「なかず」と呼んでいたそうです。

「川ん向こう」の表現を知るきっかけは、とある地元ミニコミ誌の記事でした。読者投稿だったかもしれません。確か天神エリアで長年営業を続けてきたお店が、諸事情あって移転を迫られていて、そのとき博多駅近くのお知り合いから「こっちに来れば、いくらでも援助しますよ」という言葉に「思い切って、川を渡る決心をしました」と書かれていたのを目にしたからです。

その話をすると、即座に、

「あ、すごくわかります。その方が天神から博多駅方面なら、川というのは那珂川ですね。これが逆だと御笠川を指しますよ」

こうすらすら話してくれたからです。彼女は30代前半、四代続けての博多っ娘です。彼女のご先代の話も非常に非常に興味深いものでしたが、ここでは割愛します。

「よく会社の人たちと飲んで2次会3次会になったとき、男の人が、オレたちゃ『川ん向こう』に行くって言いだしたら、女性はたいていそこで別行動となります」

中洲は、真ん中を走る国体道路を挟んで、大きく**北新地と南新地**に分かれます。北新地のほうは、狭いカウンターにスタンドチェア、たぬき（あ！ダルマとたぬきも、実は西と東で違う呼び方だったサントリーオールドのことですね）がボトルキープの主役のスナック街が軒を連ね、南新地はイカ刺しで有名な料亭「河太郎」など一部を除き、ソープが軒を連ねています。

女性たちは、あえてどっちに行くかを詮索するなど、野暮なことはしませんし、男たちが口にするのも、そこまでです。威勢よく「おう！　川ん向こうに繰り出そうじぇ」とは、いくら酔いがまわっても大きな声では言わないのです。

「幹事、次はどこん行きますか？　そろそろ門限のある女子社員もおりますけん」（ごくごく普通に）

「そやな、したら、残ったもんだけで『川ん向こう』に行くとするかね。女性陣はどげんするね？」（比較的小声で、さりげなく）

「あ〜うちら女性陣は、したらカラオケにでも行きますけん、男性陣はどうぞ大金出してスッキリ出して、明日からは、今日まで以上に無遅刻無欠勤、か、つ、無ミスでお願いしますね」（表情にこやかに、爽やかに）

路上でがやがや留まって動こうとしない反省会グループから、そんなやり取りが聞こえてきても、ちっともおかしくないのが博多の夜です。

セックスに関する話題を、そよ風が通過するようにさりげなくいなすのが博多女性の「しゃれとんしゃあ〜」空気でもあるのです。露骨でえげつないと、間違いなく徹底的に軽蔑

僕たちゃ
川ん向こう
行くけん
したら
うちら女性陣は
カラオケにでも
行きますけん
え～
情報では、真ん中で
右往左往している彼は
東京出身の新入社員
鈴木さんだそうです
え？
なに？
なんで？

されるので、他所から博多入りする人は、ぜひとも粋な表現を鍛えてくださいね。

でも、最近では、北新地になかなかしゃれたワンショットバーなんかもあって、女性らが通っていたりもします。そういう場合、女性たちがどういう表現をするのか、著者としては今、ひじょうに気になるところです。

なお、中洲はもともとは「菜香（華）洲」と記された、春には菜の花咲き誇る美しい砂州で、明治時代までは野菜供給基地として機能していたとあります。

ということで、博多の「川ん向こう」には、重大決心というニュアンスと、ズバリ！女遊びとの両方あって、それをシチュエーションで使い分けているようでもあります。もっと簡単にいうと「アルコール抜き」「アルコール入り」の2タイプですね。

では、北九州はどうでしょうか。

(2) 北九弁エリアの「川ん向こう」

北九州の場合、一般的には川筋ことばの生まれた遠賀川と思われがちですが、実は、北九州は門司に生まれ、言語地理学の研究をされている宮本登さんによると、

「北九州市は（5市が合併して東西に細長い地域になっているため）、**西の筑前国と東の豊前国**の（藩政の）境界であった境川をまたいであるので、戸畑区から西側（八幡東区・八

幡西区・若松区を含む）と、小倉（小倉北区・小倉南区・門司区）側では異なる表現があり」（『雲のうえ』17号）

とのことです。なので、藩政がそのまま続いていたなら「川ん向こう」の川は、八幡のど真ん中を流れる、この**境川**を指したままだったかもしれません。

しかし、市の成り立ちや炭坑の発展、**遠賀川**に石炭を運ぶ船の往来が増え、**八幡製鉄**（新日本製鉄）による急激な発展と、それにともなう全国一円からの人口流入があいまって、個人的な想像ですが、この地特有の言葉が一度、がらがらぽんされたんじゃないだろうかと思っています。それゆえ、アクセントにしても方言にしても、そこから地元密着的なニュアンスを、博多や筑後ほど強烈に感じるのが困難なのではという気分を、うっすらですが抱きました。

しかしながら、祇園と名のつく**黒崎**、**若松**、**小倉**などの祭なんかからは、いわゆる旧行政区という密着感を強く感じることも、またあります。

その観点から「川ん向こう」という表現を考えると、前に書いた博多や、後に書く筑後ほどの、なにがしかのニュアンスというものは、今のところ、それほど強くないのかもしれません。あくまで「今んとこ」ではありますが。

（3）筑後弁エリアの「川ん向こう」

筑後の川と言えば、全国にも名を馳せる**筑紫次郎＝筑後川**。地元では愛着を込めて「**ちっご川**」と方言で呼びます。

柳川弁のところでも登場いただいた久留米の食いしん坊バンザイな存在の豆津橋渡さん。本名じゃなくペンネームです。このペンネームの由来が関係しています。

「昔、筑後川は、川幅が広過ぎてなかなか橋がかからんかったとです。みな、久留米市営の渡し船で渡っとった。唯一あったとが豆津橋っちゅう橋。栄えとったんは、筑後川の南側。北側は、今でこそ住宅やらできて人が住むごとなったけど、やけん、筑後で言う『川ん向こう』は、一面田んぼばっかりのど田舎っちゅう意味で使いよったですね」

九州で初めて医療専門学校（現久留米大学医学部）ができ、久留米三者（医者・芸者・自転車あるいは人力車）とも言われおおいに栄えた物流の拠点で、**豚骨ラーメン発祥の地**。また、**青木繁**、**坂本繁二郎**、**古賀春江**という日本近代絵画のパイオニアを、**北原白秋**という大詩人を、身近なところでは**鮎川誠**に**石橋凌**に**松田聖子**に**チェッカーズ**を生み出した筑後地方。ここでは、一時期の地盤沈下から、現在、ご当地グルメでの各種イベント開催などの地域活性化対策がすこしずつ、点から線へと成果を広げつつあります。

そして、かつては「ど田舎」そのものだった「川ん向こう」は、西鉄大牟田線や九州高速道路、JR新幹線等で往来が盛んになり、いい感じの**魅力的田舎**に変貌を遂げています。著者が、豚骨ラーメンでベスト3に挙げる「丸星ラーメン」も24時間営業（第2・第4木曜休）でやってます。

したがって「川ん向こう」＝ど田舎という意味合いは、若い世代にはどうやら引き継がれなさそうな流れでもあります。

4　博多弁女子が「カワイイ」ことについて

ここはもう、著者の個人的体験から書き出さずにはいられない題材。２０１４年から遡ること27年の、福岡市内とあるカフェでの出来事です。

時間つぶしに入ったカフェに、ひとりでいた女性に目が止まりました。年齢は20歳前後、一見清楚な印象ながら、どこか小悪魔的ニュアンスを漂わせた佇まいに、下心……いや好奇心がむくむくと沸き上がった著者は、東京でも滅多にやったことのなかった声かけというものをしてしまいました。

「ひとりね？」

ま、一般的には当然に怪訝な顔をされますよね。東京の場合は、そこで完全無視を決め込むケースが多いと聞いていましたが、彼女は違いました。

「ううん、**お母さんを待っとぉと**」

待っとぉと……博多に住んでいたときにも、何度となく聞いたフレーズですが、5年ぶりに耳にすると、とてもキュートに聞こえてしまいました。半ば強引に同じテーブルに座り、いろいろと話かけてみます。これは、雑誌のライターを始めてから身についた習性の賜物でもあり、羞恥心がもたげる前に行動に移さねば、という、本来引っ込み思案な著者が必死で体得したやりかたでもありました。

「お母さんがくるなんて、ほんとうは違うっちゃないとね？」

「嘘やないとよ、ちょっと遅れとるみたい」

「お母さん」は、ぼくの誘いを遠回しに断るための手段だと思い「またまたぁ〜」などとやり返していると、ほんとにお母さんがあらわれました。

「もぉお母さん、なんしよーたと。うち、この人にナンパされとったとよ」

笑顔を浮かべながらも、そのものズバリを言う彼女。あっちゃ〜こりゃ、バツが悪いなぁと、ぼくはもう「どうもごめんなさい」と言い、そそくさとその場を去る体勢にはいっていました。

では
私がひとつ
再現してみます・・・
あら、そうね?
で、
私は口説かんと?
彼女のダミー人形

そんなぼくの気分を察したのかどうかはわかりませんが、お母さんから飛び出した言葉に、ぼくは心底びっくりしました。

「あら、そうね？　で、私は口説かんと？」

恥をかかさず、男のメンツを立ててくれるのに、これ以上の返しはありませんでした。場の雰囲気はそれで和み、ぼくは「じゃあ、あとは親娘水入らずで」とか挨拶をして、ゆるやかな足取りでカフェを後にしたのです。

実は、そのときのお母さん、おそらく年齢的には40半ばあたりじゃないかと思うのですが、「私は口説かんと？」という言い方に、胸が高鳴ったのを今でもはっきり覚えています。

東京に戻り、何人かの友人にこの話をしたところ、

「東京じゃありえないね」

「大阪でもあらへんわ～」

「博多ママすげぇ！」

「おれも行ってみよ」

と、博多女子の評価がうなぎのぼり。老若関係なく、博多女性は粋でカワイイという評判が、行きつけの居酒屋界隈で、このエピソードを話すたびに立ったものでした。

▼福岡市の「カワイイ区」

著者の体験にかかわらず、博多に美人が多いという話は以前からありました。そして、現在でも言われ続けています。それを象徴するかのように、**福岡市に「カワイイ区」**というのが誕生し、初代区長には元ＡＫＢ48の篠田麻里子が就任しています（二代目は福岡市在住のカナダ人留学生）。

似たような打ち出し方は、たとえば香川県が「うどん県」、大分県が「おんせん県」というのがあります。しかしながら、双方には背景となる物的名所名物、つまり誰もが納得する具体的根拠があります。その観点から見た場合、おそらく、全国の数ある自治体で、こういう具体的根拠の見当たらないキャンペーンを張ったのは、福岡市くらいじゃないかと思われます。

ゆえに、博多弁を話す女性がカワイイと言われる理論的根拠、あるいは統計的結果はあるのか、と問われたとしたならば、著者は寂しく首を横に振り、こう答えるしかありません。「すんません、必死で探してみましたが、そういう根拠まで書かれた文献や論文は見つかりませんでした」

にもかかわらず、クレームが届いたという話は耳にしません。つまり、空気感としては、女性が使う博多弁＝カワイイは、方程式としてキモチ成立していることになるのです。

福岡市役所が2年前に新設した仮想行政区「福岡市カワイイ区」に問い合わせをしてみると、概ねこういう回答でした。

「『福岡市カワイイ区』は、どうすれば福岡市の今、そしてこれからの魅力を発信できるかを総合的に勘案した中から浮上したコンセプトです。特に人のみに特化したものでもなく、都市や食・ファッション、歴史や風土がカワイイといった、『カワイイ』を切口として福岡の魅力を発信していくことを、今後も考えています」

『カワイイ区方言辞典』のようなものを、今後作ることってありますか？と食い下がってみると、

「もしも、カワイイ区に賛同していただいた会社なり団体様から、そういうお話があるようであれば、前向きにご協力することはやぶさかではありません」

う〜む、そしたら著者が個人的に、企画をたてて持ちかけたくなってしまいました。

あ、そして著者は、この度、カワイイ区の区民に、晴れてなったとです♪　ネットからなら、誰でも区民になれますよ。

では、**北九州**と**筑後**の女性についてはどうなんでしょうか？

順番が後先になりますが、筑後の女性から。久留米市には独自のタウン月刊誌『月刊くるめ』があります。このタウン誌では、ネットなどに安易に頼らず、編集者が直接動いて「カワイイと評判の筑後女子」に関する口コミを集め、該当する女の子に交渉して「いちご姫」なる美女を決めるという、実にジャーナリズムかくありたしな活動でもって展開するコンテストで、歴史も長い取組みがあります。

残念なのは、その基準の中に、「カワイイ筑後弁を話す」という項目が見当たらんとです（著者が見落としているだけかも……）。

北九州はというと、さらに残念なことに、こうした「カワイイ」北九女子を発掘するような動きが見えていません。あるのかもしれませんが、すくなくとも著者は知りません。現段階として、カワイイは、博多弁エリア限定の全国的評価という状況のようです。なので、著者は、その二エリアの人に対して、こう訴えたい。

「女の子、**もっと使いぃ北九弁**。もっと**使いんしゃいちっご弁**。男の子、もっと盛り上げりぃ北九弁女子。もっと盛り上げんしゃいちっご弁女子！」

5　男のもらい泣きとプロポーズについて

YouTubeで見つけた書込みコメントの中に、こういうのがありました。The Mods映像のどれかです。

「森やんが『ただいま』って言ったとき、隣のヤツ泣いてた。もちろんオレも泣いた」

森やんとは、無論リーダー森山達也のことです。書き込んだのは、客席の隣同士に、たまたまいただけの、お互い見ず知らずのファンだと思います。しかし、著者には、この書込みの気持ちが痛いくらいよくわかるのです。

映画『**博多っ子純情**』挿入歌でもあるチューリップの「博多っ子純情」には、男たちは「とても見栄っ張りで気が強」く、「すぐにもらい泣きする」というフレーズがあります。

おそらく、全国津々浦々の人が抱く九州男児のイメージ＝人前では絶対に涙を見せないを、木っ端微塵にしかねないフレーズですね。著者もそうですが、元来すくなくとも博多っ子男子とは、ひじょうに涙もろいのです。古い『人国記』の一節にも、こういう記述が見受けられます。

「当時の風俗は、大抵飾り多して、人々各々《にんにんかくかく》の心なり。勇も一応は勤むけれども、かざる風ゆへ、終に何事も成就せず。但し九州にめづらしき、華奢の国なり」

華奢とは、なよなよとして艶っぽいという意味ですよね。どうです、昔から、勇ましいのは「一応は」な土地柄だったわけなんです。これで涙をこらえよというほうが、拷問に等しくないでしょうか。

▼箸が転がっても泣いてしまう

文献引用ではありませんが、第1章に登場した親友の藤田昌弘氏の考察が、著者にはひじょうに腑に落ちたので、若干の表現アレンジをほどこしたうえで紹介しようと思います。

「博多の人は皆、感情の切替えスイッチを自分自身の中に持っていて、自分の状況判断で自動的に切り替えることができる。極端にいうと、自分で転がした箸の転がり方に感動した瞬間に、泣くことだってできる。一方、東京はというと、切替えスイッチは全部その人自身の外側にあって、たとえば『寅さんを鑑賞して泣く会』に参加費を払い、業務を片付け、電車に揺られ、会場に入り、前説や泣く段取りなんかを主催者から聞いて、そのタイミングになって初めて泣くことが許されるみたいな環境の中で生きていると思う」

実際のところ藤田も、生まれは浅草とはいえ、多感な時期は博多で過ごした身です。大学の同窓会かなにかで博多にやってきて、深夜にラーメン屋にはいったところ満席だった

のですが、茶髪でいかにもスレてそうな外見だった一人の女の子から、

「ここ、荷物どかしますけん、どうぞ」

荷物をどかして椅子を空けてくれたときには、感情のスイッチが勝手にはいってしまい、涙をこらえるのに必死だったそうです。

ラーメン屋の席ゆずりさえこれですから。ゆえに、結婚式や送別会などで、男の誰かひとりでもスイッチが入って泣き出すと、**大の男の泣き連鎖が始まってしまう**のです。

実は、取材前は、夜の屋台を何軒かハシゴしてからじゃないと、このテーマでは書けないのかなぁと思っていたのですが、最初に話を振った女性から、

「**はいはい、皆よぉ泣きよんしゃあですよ**。部屋の湿気が一気にあがるくらい」

あっさり肯定されたのでした。


もうひとつ、これは強調しておきたいことがあります。博多に限らず、福岡の男全体に共通する、女性へのアプローチに関してです。

49頁の写真のキャプションに「好いとぅ（北九弁では「好きちゃ」）と、あえてこっそり書いておりますが「好きです」という方言ですが、あくまで字面上のことです。概して、福岡の男は、男に対しては「オレ、お前のこと好いとぅぜ」とは簡単に言います。同性愛者

じゃない限り、この表現は「お前が気に入った」という意味でしかありません。

ところが、いざ本格的に恋をした相手となると、とたんに言葉も尻込みしてしまうことが多いのです。

「好きなら好きと、ストレートに言やぁいいとに」

「いや、人ん前じゃとても言いきらん」

こんな相談事は日常的におこなわれていました。著者もしたし、されました。あんなに激情溢れる思いがあるのに、目の前に対象となる女性があらわれると、不条理な急ブレーキがかかってしまうのです。

こういう男もいましたね。好意を寄せている女性に、いきなり、

「ヤらせてくれんね、頼むけん」

「何言いよぉと、なんで私があんたとヤらないけんの！」

女性はびっくりして、もちろん、こう切り返します。すると、男はしばらくうつむいて、やがて意を決したのか、じゃっかんどもりつつ、

「お前が好きやけんたい！」

やっと告白しました。女性は、こう応えたそうです。

「順番が逆やない？」

いま「泣き」の
スイッチが
入りました
原因は鍋のふたを
開けたときの
湯気のようです
え〜っ？
いま泣くところ？
東京出身の
鈴木さん

まるでマンガみたいなやり取りが、現実におこなわれるのが、福岡の愛の告白劇場でもあるのです。

博多ロックのオリジネーター、サンハウスの代表曲のひとつに「I Love You」があります。歌われていることは実にストレートな愛の告白なのですが、最初に知ったときに気持ちの中でひっかかったのが「なしてタイトルが英語なん?」でした。今なら、なんとなくですが、わからなくもありません。他国の言葉の英語でなら、ストレートな気持ちをブレーキを踏まずに伝えられるというわけです。このあたり、忌野清志郎さんが「愛し合ってるか~い」とストレートに日本語で言い切ることにより大ブレイクしたことと併せて、より掘り下げて考えてみると、明太ロックのプラスマイナスの局面が、透けて見えてくるような気もしますが、言及は違う機会に譲ります。

▼福岡男子の遠回りプロポーズのことば

そんな福岡男子です。プロポーズの言葉を言うときにも、ものすごい急ブレーキがかかる模様です。

「結婚して下さい」

この書けば7文字しゃべれば9語を、はっきりくっきり聞いた既婚女性は、ひじょうに少ないはずです。今回、話を聞かせてもらった範囲（10数人）では、たった1人でした。

「そろそろ、ご両親に挨拶に行かんといけんのやないかなぁ」

とか、

「今度の週末、（結婚）式場ば見学に行こうぜ」

とか、

「あのくさ、『ZEXY』ば買うてきたけん」

とか、その類。

ウェディングプランナーをしている女性も、披露宴の最中に花嫁が急に、

「うち、まだ正式な（プロポーズの）言葉ば聞いとらん」

と言い出し、新郎がびっくりして、

「言うたやないね、あん時に！」

しばらくすったもんだした挙句、新郎にとっては正真正銘プロポーズの言葉と確信していたのが、

「ふたり以上で住む家ば、そろそろ探そうと考えだしたところたい」

そう判明し、花嫁を除くすべての参列者から爆笑（主に男性）と失笑（主に女性）が同時に沸き起こったという体験をしたそうです。そのウェディングプランナーの人にしても、

「なんか知らんうちに、なしくずしで籍を入れてしまいました」

もちろん福岡の女性だからといって、当然納得はしていません。やはりちゃんとした言葉で、男性からのプロポーズを待っています。そして、福岡男子といえば、それ以外のことはストレートなくせに、今のご時世にあっても、肝心要のときだけは急ブレーキがかかり、必死でまわりくどい表現を探したりひねり出したりするようです。

一度「福岡男子の遠回りプロポーズのことば」を、どこかで特集してみたいものです。

6 「違和感」という表現について

本来は、もう少し掘り下げて、事例を集めてから書いたほうがよいのかもしれませんが、本書取材のとき、話をうかがう人うかがう人がもれなく、しかもほぼ無意識無自覚に、「違和感」という表現を使っていたので、いつも気になっていました。ほぼ無自覚無意識と書いたのも、「使ってましたよ」と言うと、「え、わからんやった」と逆に驚く人が半数はいたもので、やはりそうなると、福岡人の深層部分を探るには、もってこいな表現かもしれないと思います。間違い覚悟で、感じたことを反芻し、ちょっとしたためてみます。

「私のお茶の先生が、ふだんは綺麗な標準語で話しよんしゃったので、ずっと関東の人とばっかり思ってたんですが、先日飲みに行ったとき、急に『〜ちゃ』を連発してきて、あ、先生は北九州の方だったんだと初めて知りました」

こう話してくれた親子四代にわたる博多っ娘のEYさん（30代）は、先生の北九弁に、当初は違和感を覚えたそうです。

久留米っ子の豆津橋渡さんは、親族が佐賀県鳥栖市にいることもあって、筑後弁（久留米弁）と佐賀弁（鳥栖弁?）のちゃんぽんな言語環境で育ちました。今回の取材で、博多

弁や北九弁なんかの話をすると、

「ぼくたちは、ばってん、くさ、なんかは違和感があるので使いません。でも、決して嫌ではないです」

ほかにも「違和感はあるけど、嫌ではない」というふうに、他地域の方言のことを言う人が何人もあらわれました。というか、話を聞いたほぼ全員から。

この言語現象は、著者なりに考えるに、

「区別はするけど、差別はしない」

この姿勢が、遺伝子レベルで刷り込まれて、子々孫々に受け継がれてきたからじゃないでしょうか。

博多エリアは大陸との交流が、**北九州エリアは炭坑と鉄鋼による人間流入**が、**筑後エリアは東西南北の物産流通**が、空気の澱みを常に防ぎ、いわゆる「ムラ共同体」的な排他意識を築かずにすんだのではと、著者は推察します。それは、平家落人の言い伝えが色濃く残る、熊本や宮崎の山間部において見られがちだった、余所者＝源氏の追手に対しての警戒心が、まったくないことと好対照です。それと、福岡の地を支配した武士階級たちの中に、士農工商的な差別意識が、中央ほど強くなかったのではという、もうひとつの推測も生まれています。

人間関係に「上から目線」のような意識があると、とにかくぎくしゃくする。下手に対応した余所者が実は大御所だったというヘマだけはしたくない。そんな空気が三エリアに同時多発的に生まれたとしても、ちっとも不思議ではありません。

著者が実際におとずれて感じた限りでも、どこのエリアもみな地元への愛情はとんでもなく強い、しかし、だからといって、**余所を下に見たり排他的に接したりすることも、まったくといってよいほどありません。**

▼ボケ&放置

加えて、知らないことへの好奇心が強い一方で、こと人間関係となると、これ以上突っ込むとプライバシーに差し障りがあるという際を、誰もが心得ているのです。その意味で、福岡人の人づき合いは、非常に洗練されてスマートと言えるでしょう。それは同時に、「**突っ込みのない文化**」として、芸能ごと、特に漫才なんかの分野においては永らくハンディとされてきた面は否めないです。

福岡のアイドルグループを例にとってみましょう。事務局の方にうかがったところによると、

「ウチの娘らは、歌や演奏に関してはピシッとしっかりこなすのですが、合間のＭＣが

課題なんです。東京や、特に大阪なんかのアイドルグループだと、誰かがボケると、普通ならかならず誰かが突っ込む感じじゃないですか。この娘たちには、それがないんです。ボケ&突っ込みじゃなく、ボケ&放置なんですよね。これって、やっぱり県民性なんですかねぇ」

ただ、その**ボケ&放置**ですが、ステージに限らず普段の会話からなんだそうです。当然ながら、意地悪や悪気があってでないことは自明です。こうなると著者は「突っ込みのない文化」を逆手にとった新たな芸を磨いて発信して欲しいと、彼女たちに期待せずにはいられなくなります。

彼女たちの大先輩しかりです。福岡の場合、**タモリ**さんのような1人完結型か、**チューリップ**や**シーナ&ザ・ロケッツ**のような集団型での芸能人が多いのも、そのあたりに遠因するのかもしれません。したがって、ボケ&突っ込みが基本中の基本である漫才には向かない県民性を、内包したままだと言えるでしょう。

そんなことなかばい、**博多華丸・大吉**という漫才芸人がおらっしゃあやないね、との横槍が入るのは必定でしょうが、彼らのネタをよくよく聞いてみてください。いわゆるボケ&突っ込みのスタイルでの展開は、意外に多くは見受けられませんから。

なので、著者は、彼らを漫才師と呼ぶのには、非常に若干ですが「違和感」を覚えたりするひとりです。個人的には「掛け合いもする2人の並列落語家」と言えば、ちょこっとはわかってもらえますかね。お二人が福大落研（福岡大学落語研究会）のご出身ということも、関係あるとやなかろうかね、です。

あ、別にオチをつけたわけではありません。

もちろん、ケチをつけてもおらんとです。悪しからずです。

いかがでしょう。福岡ことばに共通するもの、異なるものなどが、透けて見えましたでしょうか。アクセントやイントネーションに触れないカタチで方言を語るのは、確かに至難の業ではありますが、それでもなお、現在進行形のものも含めて、個性と魅力に富む方言であることが、多少なりとも伝わったのではないかと思います。

そんなわけで、お後がよろしかようで……、まだ終わっとらんばい！

精一杯の福岡突っ込みでした。

第5章　鮎川誠（シーナ＆ザ・ロケッツ）に聞く「福岡ことば」

本書の大きな目的は「福岡ことば」を、楽しく、かつ、わかりやすく伝えていくことにありますが、著者として譲れない、譲りとぉなか言葉の〝元寇防塁〟があります。それは、

「九州弁イコール博多弁、博多弁イコール福岡ことばやないとばい」

と、安易に混同されがちな場面や人に対して、

「そこんとこよろしく」

小さな釘を刺したいという、著者のもうひとつの大きな目的があります。そのために、わざわざアンケートを実施したり、言葉の背景を浮かび上がらせることで博多弁、北九弁、筑後弁それぞれの成り立ちや使われ方なんかを、サワリだけでもわかってもらいたいと、福岡県内を隈なく動き回って、その意図に見合ったエピソードを書いてみました。

しかし、と著者は一方で、感じていました。誰か、三エリアにまたがって福岡ことばに

ついて語れる人、しかも名前を言うたら、すぐに顔だけじゃなくキャラクターまで浮かび上がるような人はおらんやろうかねぇ……と。

で、灯台下暗しとはよく言うたもんですたい！　ご存知の通り、福岡県は、実に多種多様たくさんの有名人を輩出し続けています。彼らの書いた書物や出演しとるテレビに映画、そういうもんをさんざん漁りまくったのですが、その中から、まるで深海の底から一筋の光のごとく浮上してきたのが、本章で紹介する**シーナ＆ザ・ロケッツの鮎川誠さん**でした。

鮎川さんは著者の出身である九州大学の、しかも同じ農学部の先輩であると同時に、日本でも指折りのロック・ギタリストです。ＣＭやドラマにも多数出演しており、ロック音楽に関する著書もたくさんあります。インタビューやコンサートレビューとなると、数知れないことでしょう。著者も、アルバム発売やライブに際して、音楽雑誌などにインタビュー記事やライブレポートを寄稿したりと、ずっとお世話になり続けてきています。

で、なして、そこまでお世話になった人にもかかわらず、なかなか気づかなかったかというと、それこそロック音楽、あるいは「モロＱ」（九大生のダサい風貌の様子ば、酒の肴にたとえてこう言われていました）にあるまじきカッコよさから、言葉遣いに対するイメージが、すっぽり抜け落ちてしまっていたのです。

ばってん荒川……じゃなく、鮎川さん、浮上してきてしまいました。すると、他の候補

シーナ＆ザ・ロケッツのフルアルバム『ロケット・ライド』

者が一気に霞んで見えなくなるくらいの存在感が、本書の意義に照らし合わせても、絶対といえるくらいに焼き付いてしまったのです。まさに適役と思わずにはいられませんでした。

　シーナ＆ザ・ロケッツは、２０１４年７月に６年ぶりのフルアルバム**『ロケット・ライド』**を発売し、ライブ活動も、それこそ毎日のように日本のどこかでおこなっているという、おそらく世界でも類を見ないエネルギッシュな忙しさです。その模様は、FaceBook他ＳＮＳによって、常に発信され続けています。イメージ的にロック・アーティストというと、どこかアナログに固執した印象がありますが、鮎川さんはロック界ではいち早くインターネットに注目した先駆者でもあるのです。

ちゅうことで、ライブとライブのわずかな時間の合間をいただき、インタビューにこぎつけることができました。「福岡ことば」で音楽について、いつも話してくださるけれど、「福岡ことば」そのものの話を聞くのは、おそらく本邦初ではなかろうかと思います。

インタビューを原稿に書き起こすにあたっては、ことばの意味説明が必要となってくるであろう表現に関しては、ご本人の了解を得て、わかりやすい言葉に直させていただくことを念頭に、とある金曜の夜半、取材をスタートしました。

なお、本編を書き出すにあたり、鮎川誠＝鮎川、著者＝小林で表記統一いたしました。

▼三エリアを制覇

小林「鮎川さん、今日はよろしくお願いします。6年ぶりのフルアルバム『ロケット・ライド』リリースと、ひっさしぶりの9月の日比谷野音でのワンマンライブの成功、おめでとうございます。ぼくは行けんかったけど、博多のライブハウスで堪能させてもらいました」

鮎川「うん。来てくれてありがとう！」

小林「今日は、ばってん（笑）、やけど（笑）、しかし、音楽の話、ロックの話を聞きたいところをぐぐっとこらえて、福岡ことばのことをいろいろ聞きたいと思います」

鮎川「オレに話せることとか、あるんやろうかねぇ」

小林「間違いなくありますよ。まず、**生まれ育ちが筑後の久留米で、大学は博多で、北九州出身の女性、シーナさんと結婚されてと、福岡全域を網羅している、**稀有な福岡人でもあるわけですから」

鮎川「ま、そういう切り方をするならば、そうかもしらんね」

小林「まず最初になんですが、鮎川さんの少年時代、つまり久留米っ子時代ですね、ごくごく日常には筑後弁、久留米弁が溢れとって、自分自身が方言を話してるという自覚って、きっとなかったと思います。ぼくも宮崎の延岡ってところで、自分の遊び仲間と自転車で動ける範囲が、この世のすべて、みたいな時期は、自分の言葉なんて気にもとめてませんでしたから」

鮎川「少年少女時代は、だれもがそうやと思うね。小学校、オレは久留米の日吉小やったけど、学校では先生が標準語を教えてくれる。せやけど、いざ授業が終わると、標準語は授業の世界の出来事で、友だちと野球したり街中で遊ぶときは、見事なくらい久留米弁やったと思う。周りのみんなもそうやし、日常の中ではなんも不都合なことはない。思うちょうたのは自分自身じゃわからんのよ。息するときに、オレは酸素を吸いよるとか、いちいち意識せんやん。それと同じなんじゃないかな」

小林「まったくですね。ぼくも当時のことを思い出すとするなら、延岡の小学生の話しっぷりを耳にして、ああこんなふうに喋りよったっちゃろなぁと確認せんと、なかなか甦らなかったりします」

鮎川「あれ、『**喋りよったっちゃろなぁ〜**』っちゅう言い方は、小林少年も使いよったと？ 福岡でも普通に使うとよ」

小林「あ、そうなんですか。てっきり延岡弁特有の表現とばっかり思ってました。意外なところに、かぶってる言葉はあるもんなんですね」

▼「久留米弁は他所では通じんとぞ」

鮎川「意識はせんやったけど、久留米の言葉っちゅうたら『**久留米音頭**』があるんよ」

小林「へぇ、どんな感じなんですか？」

鮎川「えぇとね『ちゃんかちゃんかちゃんちゃん、久留米久留米〜よかね、久留米〜はよかですね~ちょっと飛ばして、水天宮とか乙女の夢がどうとかで、気もそぞろ~ほんに久留米はよかですね~♫』やったかいな。正確ではないよ」

小林「わ~、あとでYouTubeで探してみます!」

鮎川「まだロックに出会う前のことやね。そいで、小学校の高学年になって、東京から転校して来た子がおってね、その子がしゃべる東京弁が珍しくてさ。わぁ、**テレビのドラマと同じ喋りかたやん**とか思うて、憧れてさ、真似しだしたよね。授業で教わる標準語と違って、東京の生活感まで運ばれて来たみたいな捉え方をしたのかもしらんね。久留米も物流基地で栄えとったから、知らないものに対する好奇心が、みんな溢れとるけんね。それで**真似しとったら、お前なんば喋りよる**とか、みたいに言われたり(笑)」

小林「少年時代は、きっと日本全国どこの地方もそうなんでしょうね。ぼくの通ってた緑小では、逆に延岡から東京に転校してった子がいて、数年後になんかのタイミングで再会したとき、見事に延岡弁が消えてて、寂しかった気分を覚えてます」

鮎川「それとね、オレには博多に叔母さんがおってさ、ときどき訪ねてきてくれたんよ。そんときに使う**博多弁が、なにやら粋でおしゃれ**に聞こえてね」

小林「そうですか。博多弁と筑後弁は、文字にすると結構近かったりしてますけど」

鮎川「**『きんしゃって』**とか言われると、**やっぱ違うねぇ**~と子ども心に思っとった。おぼろげながら、なんか包み込むような、**都会的な響き**がなにかしらあったんよ。それで、その感じは周囲にはないもんやった。書くと同じ言葉でも、しゃべると違うんよね」

小林「その感じは、ぼくも理解できます。この本の狙いは書き言葉でハッキリ違いがわかるものを、可能な限り取り上げてみようと取組みを始めたんですが、共通の言い方の中で、どうしても文字だけでは違いをあらわしきらん語句は、確かにありますね」

鮎川「まぁ、それで中学校までは、言葉に関してはおおらかやったよね。明善高校に入学して、ちょっとした洗礼を受けたのは、今でも覚えとる。**久留米弁は他所では通じんとぞ、そこを自覚せれ**、みたいな。明善名物の山口一二先生やったね」

小林「あ、それはテレビ番組の『還暦ロッカー』（NHK福岡）にも登場した、いわゆるワン・ツー先生のことですね」

鮎川「そう、ワン・ツーしぇんしぇい（笑）。黒板に『先生』って書いて、いきなりオレを指名して『鮎川、読んでみろ』やったね。なんでオレなんやろうと思いながら、当然のように〝**しぇんしぇい**〟と言うたら『ほれみぃ、やっぱり久留米んもんは〝しぇんしぇい〟ち言う。ここでは通じても東京じゃ通じると思ったらいかんとぞ』って諭された。それから『せんせい』と、言葉を噛み締めるように言うようになったのは覚えとる」

小林「でも先生『東京じゃ〝ひばち〟（火鉢）ちゃ言いきらん、〝しばち〟になる。それでおあいこ』、撮影スタッフ爆笑……みたいなフォローをしとったですね」

鮎川「そうやったね。まぁ、当時のオレにしたら忘れられない強烈な思い出のひとつではある、かな。音楽的には、ロックにとっくに目覚めて、レイ・チャールズやらリトル・リチャードあたりからビートルズに入ってって、66年の武道館コンサートとかね、もう夢中やったよね」

▼デビュー当時の言葉

小林「話はズレますが、ぼくは鮎川さんと9歳違うから、延岡『ばんば踊り』のどん臭い空気からとにかく離れたくて、ラジオで必死に洋楽を聞き漁るようになったときに、ホセ・フェリシアーノが歌うドアーズのカバー『ハートに火をつけて』で、〝おっ！〟と胸騒ぎがしました。そこを手がかりに、ジョージ・ハリスンの『マイ・スウィート・ロード』やCCR『雨を見たかい』なんかを経て、ツェッペリンの『移民の歌』とマーク・ボランの『テレグラム・サム』とピンク・フロイドの『エコーズ』にたどり着き、必死で『（当時の）こんな延岡に染まってたまるもんか』という思いでロックを心の支えにしつつ、不本意ながら受験勉強に取組んでいた感じでした。ビートルズやローリング・ストーンズなんかは、延岡でもメジャーだったので省略します」

鮎川「オレたちがラッキーっちゅうか幸運やったのは、ビートルズ武道館の翌年に博多からジ・アタックっちゅうバンドが久留米のダンスホールに来て、その人たちにまとわりつくように接しながら、音楽だけやなくって、博多の空気みたいなもんを吸収してった浪人時代やったかな。もちろんバンドの人たちの話し方も含めてね。そこには心から〝カッコよかー〟ち言える要素が、ぎゅうぎゅうに詰め込まれとったんよ。叔母さんから片鱗を嗅がせてもらった博多っちゅう大都会の粋な感じとか、洗練された空気とか。とにかくロックを演りたい、バンドをやりたい、ギターを思い切り弾きたいけん、博多にある大学を目指して、1年浪人はしたけど、晴れて小林くんの先輩になることができたっちゃ（笑）」

小林「シーナ＆ザ・ロケッツのデビューやった九大箱崎祭のオールナイト・ロック・フェスに、部屋から徒歩7分やったこともあって出かけてったんですが、そこでの鮎川さんのMC『農学部の後輩も元気ねー？』が、あまりに衝撃的で、MCの前に演った『バットマン』を除いて、どんな曲を演奏したか、すっかり記憶から吹っ飛んでしまいました。

その九州大学での学生生活とバンド生活の中で、言葉遣い、方言遣いに、なんらかの変化はあったんですか？」

鮎川「小林くんも多分そうやったと思うけど、大学って、いろんなところから集まっとるやない。鹿児島やら熊本やら、海を越えて四国やら本州やらから。そいで、**いろんな地方**

の言葉が飛び交っとったよね。だからっちゅうて、どれかが主導権を握るとかはなくて、わりとおおらかやったと思うんよ。**面白そうな言い方は、お互いにどんどん使ってみて、そのうち、自然に選ばれてった言葉が残ってった。**そんな空気じゃなかったかなぁ」

小林「同じですね。自然淘汰というのとはちょっと違うけど、響きのおもしろい方言やなんかを試しに使ってみては、使い方を正され、あるいは逆に正ししつつ、同級生っちゅうか、見える範囲でのソフィスティケーションは、あったかもしれません」

鮎川「言葉は伝わってナンボのもんやけんね」

小林「ホントそうですね」

鮎川「ほんで、オレの場合は入学したその夜からジ・アタックに入れてもらってすぐに、米軍機が九大の電算機センターに突っ込んだ事件があって、授業にならん事態があったんよ。そのぶんジ・アタックに没頭できた。そっから篠山さんとともにサンハウスに移行して、みたいな流れで音楽活動が本格化してった。そこでメンバーの柴山（俊之）さんやら奈良（敏博）、浦田（賢一）ら、本物の博多人の実際のしゃべりを通して、**言葉の持つニュアンス、特に掛け合いのニュアンスにものすごく影響を受けたんよ。**みんなの言葉は、生活の中から身についてった言葉やけ、聞いててワクワクしたね。オレも使ってみろうと思うたのは、そやけん自然なことやったと思う」

小林「逆に、ほかの人たちが鮎川さんの久留米弁をおもしろがったってことは、どうだったんですか？」

鮎川「いやぁ、どうやろね。そん頃のオレは、若かったこともあって、**久留米弁に対して田舎くさいなーみたいな感情を、ほんのちょっとだけ持っとったかもしらん。**それ以上に、博多で音楽活動できる、新しい風を浴びれる、そっちの気持ちのほうが強かったんやね。間近で聞く**北九弁もカッコよかった**」

小林「それは、シーナさんのことですか？　若松区のご出身ですよね」

鮎川「もちろんシーナの影響は大きいよ。ただ、オレらもそうやったけど、シーナもさ、私は北九州の人間やけ、なにがなんでも北九弁！て姿勢ではなかった」

小林「そうなんですか！　あぁ、でも思い返せば確かに、方言を強調するような話し方や素振りを見たことがありません」

▼オレらの頃って、方言をおもしろがる文化はなかった

鮎川「そこなんよ。やっぱ**ロックを選んだ者同士には、共通した思い**があったけんやないかいな。**それが何かと聞かれたら『反骨心』やろうね。**さっきの方言にしても真似ることは『移る』ち言いよったんよ、でも『染まらん』ようには気をつけとった。何から何まで染まってたまるか！みたいな反骨心やね。バンドで東京まで遠征してって、すると東京の言葉でも、そっちの言い方やと、もっとうまく相手に伝えられると思えば、どんどん取り入れていった。せやけど『染まってたまるか』て反骨心は失わないようにしとったね。小林くんも東京で生活しとったけ、そこらへんはわかるやろ？」

小林「身に沁みてわかります。あれって、なんなんでしょうかね？」

鮎川「今は、だいぶ柔軟になってきとる雰囲気を感じるけど、**オレらの頃って、方言をおもしろがる文化は、まだなかった**と思う。やっぱ、ツアーであちこち回ると、感じるんよ。『その言葉、どういう意味ですか？』と訊かれることも誰しもがあったろうし。なんとかニュアンスや話の流れで意味を推測して、こちらからはできるだけ訊かないようには心がけとったけど。方言の意味を訊いたり訊かれたりすることに、なんかある種の不快感みたいなもんを感じてたのかもね。そやけん、**あえてわからん言葉は使わんちいう暗黙のルールみたいなもんは、あったよ**」

小林「鮎川さんも、方言の意味を聞かれたことはあるんですか？」

鮎川「うん、それはやっぱり」

小林「今、思い出してくださいと言ったら思い出せますか？」

鮎川「いや～いきなりはちょっとねぇ。思い出してからでよかね？」

小林「もちろんです。で、一時期、ロックじゃない分野のミュージシャンが、博多から大挙して東京に進出しましたよね。その人たちは博多出身だとは知られてましたけど、博多弁を話してる場面を、ごくごく一部を除いて、まったくといっていいくらい耳にしたことが、少なくとも、ぼく個人は、今のところないんです。ひょっとして、聞き漏らしてるだけなのかもしれませんけど」

鮎川「そこいらは、まぁ、それぞれの個人的な事情もあるんやろうけん、一括りにこう！ち言い方はでききんのやけどね。ロックやろうがフォークやろうが、たくさんの人とコミュニケーションをとるには、東京弁を使うのが一番円滑にいくに決まっとるから。東京まで来ておいて、地方の言葉をいきなり使えば、みなギョッとなるのはあたりまえのことやけんね」

▼標準語は忠誠心？

小林「地元の言葉を使わないというのに、退路を断つみたいなニュアンスを感じられるのは、そういう時代の空気も大きく影響してるんでしょうかね」

鮎川「**当時の東京には、標準語を使うか使わないかは、忠誠心を問いただされるニュアンスが感じられたもんよ。**言い方を変えろ、言われて変えませんと返そうもんなら、そんなら九州に帰ればいいでしょ、みたいなさ。そういう人らも、実は大概が自分らとおんなじ田舎者だったりするのも、また東京だったんよね。今は違ってきとると思うけど」

小林「そういう忠誠心の踏み絵を言葉で、みたいな雰囲気は、ぼくも何回か味わったことがあります。そして、踏み絵を強いるほとんどが、地方出身者だってことも。たまに、東京の生まれ育ちってヤツもいましたけどね。数が少ないのに強烈やったけん、今でも顔を思い出します」

鮎川「例外は、どこにでもおるけんね。それでも大多数の東京人は上品で、懐が深かった。なんでもありで、いいじゃないみたいな受け入れられ方をしたけん、今もこうして東京に住み続けておられるんやないかな。

ちょっと話が脇にそれるかもしらんけど、なんかね、標準語っちゅうのは、明治政府のところに軍隊や警察なんか作る際、命令系統がスムーズに進むために、言葉を画一化する目的で作られたっちゅう話を、どこかで読んだか聞いたかした覚えがあるよ」

小林「あ、それはぼくも聞きました。正確じゃないかもしれませんが、陸軍は薩摩弁で、海軍が長州弁とか。当時の明治政府の権力構造そのまんまが、軍隊用語になったみたいな感じでしょうか」

鮎川「言われてみれば納得するやね。仕事の世界やけ、命令系統は必要やったのやろうね。

ただ、オレは人から強制されたり命令されるのは好かん、だからロックをやっている。続けている。**ロックは、みんなが自由で、ロックはみんなの違いを認めあって讃えあうけん素晴らしい**、といつも言いよる」

小林「戦後の日本は、文化の画一化を、看板に出さないまでもいろんな手法で推進してきたように、今思えば感じます。鮎川さんが先におっしゃった小学校での標準語による国語教育なんかもそうですが、テレビや新聞、雑誌といったメディアの与えた影響は、計りしれないように感じます。延岡に戻って今の子どもたちの話しっぷりを聞いてて、どこかアクが薄くなったなぁって感じる瞬間が、以前に比べて増えたし、福岡市内に今度中学校にあがる姪っ子がいるんですが、とってもすらすらと標準語に近づいた博多弁をしゃべります」

鮎川「**田んぼや畑と、そこらは同じやないかね**。耕されなくなった田んぼや畑に雑草がどんどんはびこって、やがてはそこが田んぼや畑じゃなくなってしまうように、言葉も使わんと、どんどん忘れられていって、やがては思い出そうとしても思い出せなくなったり、仮に思い出せたとしても、使い方を忘れてしまったり……。その土地その土地の言葉は、土地の文化でもあり、人間社会の文化でもあるけんさ」

小林「おお、なんかロッカーにして農学部卒業という両方のキャリアがないと出てこないような視点と表現ですね！」

鮎川「(笑)」

小林「おそらく当時の風潮も大きく影響してると思うのですが、かえすがえすも残念でならんのです。せっかく音楽で時代を築いたものの、それが博多の文化全般を広めきらんやった風潮が、ミュージシャンたちの中にあったとするならば……」

鮎川「当時、方言で勝負した人は、関西にちょこっといたくらいやったけ、弁護するのとは違うけど、ある意味仕方がないんよ。それこそ、小林くんが言うたように『退路を断つ』気概があったかもしらんしね。**『行かず東京』ち言葉があってさ**」

小林「それは何ですか？」

鮎川「**行ってもないのに東京弁を使うという意味**で、いい気になる、博多流に言うたら『のぼせあがる』『つやつけとぉ』になるんかな。自分のスタンスが見えなくなるってことやね。すると、さっきの忠誠心じゃないけど、すぐに足元をすくわれる。そんなんで自分たちを見誤らないでサバイブしたからこその、好き嫌いであってさ。やけん、**分野はたとえ違ってもサバイブし続けてる人に、リスペクトは惜しまんね**。

といううかね、小林くん、音楽家っちゅうんは、いい歌を作って歌えばそれでいいわけで、その人に文化まで担わせるのは、違うんじゃないかと思うんよね」

▼鮎川さんが先駆者だった

小林「ああ、そこは確かに、受け取る側の勝手な暴走につながる部分かもしれません。ちょっと反省したいと思います。ただ、ぼくが知る限り、鮎川さんが、ミクスチャーの流れがあったにせよ、堂々と方言を直さず使い続けたので、それが先駆となって、次世代のロッカーズやルースターズ、モッズといったバンドが、堂々と博多弁あるいは北九弁を使える道筋ができたんです。そして、さらに、岡山弁の甲本ヒロト（ブルーハーツ、ハイロウズ、クロマニヨンズ）や、名古屋弁のベンジー（浅井健一～ブランキー・ジェット・シティ、シャーベッツ）なんかへの流れができあがりましたね」

鮎川「もしも、そうであったとしたなら、非常に光栄なことですね」

小林「影響力のある発信者たちが、そうやって『地元の言葉や文化にもっと自信を持とう』という気持ちを、言動であらわすようになってから、流れが地方文化に向いてきたというのも、いろいろ眺めると肌で感じます」

鮎川「**もっと、この流れが大きくなっていくといいね**」

小林「その一方で、鮎川さんは、自称アナログ派を誇示するような人の多いロック界にあって、いち早くコンピュータに興味を示し『DOS-Vブルース』という本を出したり、ロケッツのホームページを立ち上げたり、FaceBook等SNSでも積極的に情報発信していますが、アップされた文章を読ませてもらうと、意外にもしゃべりと違って、端正とも言える文章で発信されているのが、ちょっと意外です」

鮎川「ほぉ、そうね」

小林「今は、書き言葉と喋り言葉のほかに、TwitterやLINEに使う『打ち言葉』ってジャンルができつつあるらしいんです。この本も、そういった『打ち言葉』で使える福岡ことばはどうなんだろうという好奇心から、出発してたりするんですよ」

鮎川「あぁ、なるほどね。新しいことへの挑戦なわけね。おもしろいと思う。オレがホームページやらFaceBookに、ことさら方言を使わんのはさ、TPOとでもいえばいいとかな……。言葉はある意味、仲間内の共有物やと思うし、さっきも言うたように、暗黙の了解みたいなことがあってさ、SNSとかで使うとは、個人的にはどうか?と思いよる部分もあるっちゃ。せやけど、先のことはわからんよね。小林くんのような着眼点が広がっていくんは、とても面白いと思うけん」

小林「ありがとうございます」

鮎川「ロックも言葉も人間も、みんな生きもんやし。ブルースがR&Bに、そしてロックに、さらにパンクにと変貌してったように、アティテュードを忘れない範囲で変化していくとなら、きっとワクワクするような現象がこれから見られるかもしらんよね」

小林「そこを、まさに目指しています。今、ふっと思ったのが、音楽全体を言葉に置き換えるならば、ロックもまたひとつの方言なんじゃなかろうかという……」

▼共通認識を持つためには素養が必要

鮎川「**ロック語は、言葉だけやない、ある共通認識が共有できて、初めてコミュニケーションが取れるっちゃ。**たとえば、チャック・ベリーちつぶやいて、最初から教えなきゃならんような状況だと、ね。

そいでさ小林くん、ロケッツがアルバム『ハッピー・ハウス』のレコーディングでニューヨークに滞在しとったとき、訪ねてきてくれたことがあったよね」

小林「行きました！　そして『ハッピー・ハウス』のプロモーションビデオにも出演させてもらいました」

鮎川「あんとき、ジョン・レノンが『ダブル・ファンタジー』をレコーディングしたスタジオに行ったやない。名前は……」

小林「あの、大きなギターのオブジェのあるところですね」

鮎川「そうそう、えぇと、なんやったかいな……思い出した、レコード・プラントだ！」

小林「わぁ、懐かしいですね」

鮎川「そんとき、今でも覚えとるっちゃ。小林くんがスタジオを去るときに『So Long』ち言うたんよ」

小林「え？　そうでしたっけ、全然思い出せません（苦笑）」

鮎川「いや、はっきり言ったよ。それもさ、ロックを方言にたとえるなら方言のひとつなんよね。ロック方言を知らない人やったら、その場面では『Good Bye』か『Bye Bye』なんよ。そこで『So Long』ち言うたってことは、ロックが好きな人なら〝あぁ、ビートルズかリトル・リチャードの『Kansas City』で覚えたんやな〟とかピン！とくるんよね。方言もそれと同じことやと思う。**共通認識を持つためには素養が必要**、とね」

小林「ぼくが『So Long』と言ったってことは、まったく記憶から引っ張り出せないんですが、今のRock語と方言の比喩は、ものすごく腑に落ちます」

鮎川「小林くんが、これ見よがしに使ったんなら、それは『行かず東京』の言い方をアレンジしたら『聞かずロック』であり、ギクシャクしたニュアンスやったろうけど、自然にすっと出たもんね。本人にとっては、日常だったんやろうよ」

▼英語にもすごい数の方言がある

小林「ぼくの身体に染み付いた言葉なんでしょうかね？　英語が出たのでついでに話すと、一口に英語と言っても、すごい数の方言があるのを、英国に行って思い知りました。あんな狭い範囲なのに、極端な言い方すると通りひとつ隔てただけで、もう訛りが変わる、みたいな」

鮎川「ロンドンとリバプールでは全然違うけんね。ロンドンでもコックニーっちゅう独特な方言があるし」

小林「ビートルズの連中は、リバプール弁を決して直そうとはしなかったし、それで全世界に打って出た。でも、意味が通じないかというとまったくそんなことはなくて」

鮎川「**言葉は土地の文化でありアイデンティティでもある**ことを、彼らはさりげなく主張しとるんやろうね。日本も、徐々にそのレベルに戻る、っちゅうか進化しつつあるんやないね？」

小林「最近の方言ブームは、地域活性化の機運と相まって、ブームに終わらない気配が、確かに感じられます」

鮎川「アメリカは逆に、いろんな歴史や文化をしょってきた移民たちが、短期間でひとつの国家を作り上げげんといかんかったけ、誰もが共通認識を持てる言語に集約させないといかんかったのかもしらんね」

小林「その方向性、個人的にはすっごく切り込んでみたいのですが（笑）、ちょっと話を福岡ことばに戻しますと、お笑い方面での進出が著しいです。漫才師の博多華丸・大吉さんが、おそらくこの方面でのサンハウス、つまり新しい切り込み隊と思いますが、彼らの活躍で、博多弁を表の場で使う芸人さんが、実際に増えてきています。同時に、博多～福岡に関する興味や関心が、以前は考えられなかった方向から飛び出しているんです。この本も、その流れの一助になればと思い、作っているところなんですよ」

鮎川「若い人たちが、そうやって、**福岡のことばを全国の人にとって耳慣れたものにしてくれるちいうのは、とても嬉しいことやね。**頼もしく思います」

小林「シーナ&ザ・ロケッツが今後、福岡ことばで曲を作る可能性って、ありますか？」

鮎川「それはね、常に考えとる。考えとるけど、なんちゅうかね……。言葉って普遍性を持たせるべきやという観点からいくと、福岡ことばの歌詞をオレたちが作品に入れて、その方言だけが、ひとり歩きしていくっちゅうんは、ちょっと違うことと思うんよ」

小林「福岡ことばで曲を作ったことが、内容じゃないところで脚光を浴びかねないとか、そういう感じですか？」

鮎川「それもあるかもしらん。ブルースに大分の日田弁を乗せて歌うっちゅう新しい試みをしとるミュージシャンもおるし、一概には言えんのやけど、ロケッツに素晴らしい詩を提供してくださった阿久悠さんが『美しい言葉で書く』というふうに仰ったとやけど、そこんとこやなかろうか。今までになかったのは」

小林「美しい言葉……、なるほど。それはきっと、言葉そのものもですが、言葉を音楽の池に落としたときに発生する波紋の美しさにも例えられそうですね」

鮎川「ああ、なるほどね」

小林「美しい波紋が生まれる瞬間を、楽しみにしてます（笑）」

▼あえて言えば「鮎川弁」

さて、どげんやったですか？　話していただいた内容を書き起こして、真っ先に驚いたのは、意味の説明が必要な表現がひとつもなかったことです。

ファンの間では、

「鮎川さんの使う言葉は、博多弁（正確には『久留米弁』）と英語だけ」というイメージ定着が確固としてあるのですが、「言葉は伝わってナンボのもん」と話されていたように、そして全国各地の「伝わるやない！」と感じた方言や言い回しなんかを惜しみなく吸収し

「言葉は伝わってナンボ」の通り、鮎川さんの言葉は久留米弁をベースにしつつも翻訳不要なわかりやすいものだった。

我がものとしてきつづけたからか、まったく説明の必要ある瞬間はありませんでした。きっと、日本の北から南、東から西、どこに行っても通用する語り方だったことに、あらためて気づかされ著者はびっくりしました。

そういう意味では、鮎川さんの言葉は唯一無二、あえて弁とつけるのなら『鮎川弁』と命名しても差し支えないかもしれません。

ばってん、せやけど、しかし（笑）、やっぱり鮎川さんの話は、福岡ことばがベースになっています。当然です。小さな頃から多感だった時代に身に染み付いた言葉は、そうそう払拭などされないものだからです。

著者も、宮崎から博多を経て東京に出てったときには、それまでの方言を使う機会がぐっと減ってしまったこともあって、長年のブランクを経て戻ったときに、忘れてしまった言葉がずいぶんあり、また、言葉を取り巻く環境が、激変とでもいっていいくらいに変化してたこともあって、若干の試行錯誤はしました。結果、今、宮崎に住んではいますが、響きがよく、使ってワクワクする、日常では意味を説明しなくてもすむ、意味を説明する必要がある言葉は、その説明そのものをコミュニケーションのツールとする、等などという観点から、言葉の取捨選択をした結果、メインはやはり、九大生時代、博多時代に染みついたころの博多弁を、ベースにしようと思ったのです。博多弁の合間に、延岡弁や宮崎弁、その他を適度に混じらせながら使っています。仕事となると、一転、まったくそういうのは出なくなりますが、これはもう仕方がないでしょうね。

加えて、著者の英語は、フランス人やモロッコ人の話す英語や、英国でもリバプールやポーツマス、ロンドン郊外、さらにはスコットランドといった、どちらかというと訛りのキツいものなので、アメリカ人と話すとしょっちゅう「What?」と聞き返されます。ダニエル・カールさんの逆バージョンのようなものといえば、わかってもらえるでしょうか。ちなみに、ぼくの友人には、フランス語と博多弁しか喋れないニース出身の落語家がいたりもしますが、彼の紹介は別の機会に譲りましょう。

▼陣内孝則さんが「親不孝通」で言った

著者が、青春のシンボルと言える天神「親不孝通」（今は「親冨孝通」とダサく改名）に、研究室以上に通い詰めていた頃、とあるロック喫茶に、デビュー前の陣内孝則さんがザ・ロッカーズのメンバーとともにあらわれ、隣の席に座るや、当時大流行りだったインベーダーゲームに没頭しだしました。どんなタイミングだったのかは忘れましたが、顔をあげるなり、

「チンペイしゃん（註：当時の著者は『親不孝通』界隈ではチンペイの渾名で知られてお

りました）、**オレたちゃ東京に行って有名になるけんがくさ、まぁ見といてんやい**」

そうひと言いうと、またインベーダーのほうに目を落としました。そのとき、この男の、根拠のない自信は、いったいどこからくるんだろうかと、えらく衝撃的だったのを、今でも思い出すことができます。すくなくとも卒業したら国家か地方の公務員、よくて農業関係の先輩がいて、教授のコネが利く一般安定企業というのが将来の設計図だった同窓生と、一線を画した眩しい響きを、陣内さんのひと言に感じたのも、著者が博多弁ベースの表現に立ち返った理由のひとつかもしれません。

っと…思い出が芋づる式に浮かび上がってきてしまいました。しばらく様子をみてみましたが、キリがなさそうやけん、その蔓ば切って、次の章に移らせていただきたいと思います。

本章の最後に、言葉とは直接に関係ないかもしれませんが**「根拠なき自信」は、人生いくつになっても、失ってはならんと思います**。福岡ことばを使うと、失いかけたその「自信」が、著者の内部の奥底に、一筋の光となって甦ってくるのを、強く強く感じます。

本書も、そういう意味で「根拠なき自信」をエンジンオイルにして、作らせてもらいました。

第6章　福岡のことば総括2014

維新にともなう廃藩置県がおこなわれた明治期、ひとりの国学者が日本の標準語政策に、大きな影響をもたらしました。東京帝国大学の文学部長にもなった上田萬年です。

上田萬年が1885年に示した「標準語に就きて」で、「『東京』『山の手』『教養層』のことばを基盤としたものを『標準語』とする」との考えを打ち出したのです。それまで、日本には「国家」として定められた「標準語」は存在しませんでした。「標準語」政策は、政府や行政機関、NHK等の放送機関が積極的に推進し、言い方が「共通語」に変わった後も、変わらず推進されました。この流れは往々にして、全国あちこちで**方言蔑視**、ひいては**方言撲滅の潮流**を生み出し、ひどいところでは、方言を話しただけで罰を受けたりしたようです。

この方言蔑視の潮流は、1980年あたりを境に意識変化が起こります。高度経済成長が、地方都市の没個性化を、ほぼ達成した時期に「やっぱり、方言は残さないといけない」という風潮が巻き起こりました。この風潮は一時的に終わることなく継続され、今世紀に入ると、方言が価値あるものから面白いもの、カッコいいものとして使われる傾向がはっきりしてきました。

福岡ことばも、この流れにほぼのっとって、一時は衰えました。1980年より以前に全国区になったミュージシャンや芸人が、ごくごく一部を除いて、まったくといっていいほど福岡臭を打ち出していない、福岡ことばを人前でしゃべらないのも、この流れが背景にあるといっても言い過ぎではないでしょうね。事実、「がっしゃい」福岡弁は、地上からほぼ消滅してしまいました。

ばってん、福岡ことばは踏みとどまりました。あたりまえです。福岡県人は、他県の人がかなわないくらいに地元を愛しているのです。陣内正敬氏が1996年におこなった「地方中核都市方言の行方」という全国調査でも、自分たちの方言について「残念」と思う福岡人は皆無である、という結果が出ていることからも明らかです。

▼着脱できる方言

福岡ことばは、今世紀に入って、ゆえに、さらに勢いを増してきています。

先述の「共通語」という名前の「東京」「山の手」「教養層」言葉に、真っ向から切り返した先駆者は、言うまでもなく大阪・京都を主軸とする関西弁でしょう。そして、関西弁がもはや「方言」のポジションからランクアップし、シチュエーションでの限定はあるものの、第二標準語のポジションを確保した現在、純粋に方言として、**次なるニューウェイブの一番手にいるのが福岡ことば**である可能性は、充分にあるような感じがします。

これは、方言を用いた「ことばのコスチューム・プレイ（コスプレ）」（田口ゆかり著『「方言コスプレ」の時代』）現象と、おおいに関連すると思われます。

「方言コスプレ」の定義には、こうありました。

「話し手自身が本来身につけている生まれ育った土地の『方言』（生育地方言）とは関わりなく、日本語社会で生活する人々の頭の中にあるイメージとしての『〇〇方言』を、その場その場で演出しようとするキャラクター、雰囲気、内容にあわせて臨時的に着脱することを指している」

本書の第3章で、各種ＳＮＳやTwitter、ＬＩＮＥなんかで楽しむ打ち言葉による福岡ことばは、まさしくこの「臨時的着脱」のススメにあたります。

ただ、本書は、こうした学術的ベクトルでの構成を当初から目指していたわけではありません。ただ純粋に、福岡ことぱを使ったコミュニケーションの面白さや楽しさを、すこしでも多くの人に知ってもらい、活用してもらいたいと願うにすぎません。もうひとつは、博多弁＝福岡県全体ではないんだよ、という、地元ならではの気持ちも、同時に知ってもらいたかったこともあります。

▼大きな魅力

「なぜ、そんなに福岡ことばがいいの？」

おそらく、そんな単純な問いかけもあることでしょう。日本全体見渡せば、それこそ、数えるのが困難なくらいの方言というものは、今なお存在するはずですから。

ここからは、取材を通じて著者なりに感じたり再発見した、福岡ことばの大きな魅力について、語らせていただこうと思います。多少なりとも主観が混じっていることは、大目に見てやってください。そもそも、方言そのものが、それを日常的に使う人にとっては、客観的な考察を許さないものでもあるからです。

三つの福岡ことばに共通する大きな特色、筆頭は「**耳当たりのよさ**」ではないでしょうか。このことは、今までの福岡人の喋りを聞けば、頷くものがあると思います。さらに今回は「打ち言葉」に焦点をあてましたが、「**目映りの良さ**」も、なんとなく感じていただけたのではないかと思っています。そこには、ひとつの傾向があると思われます。

つまり、福岡ことばに関しては、根本的に意味を問わねばならない言葉が、思ったほどは多くなく、全国どこにでもある言葉の、一文字だけ変換、みたいな作用で出来上がったものが、実は多くを占めるということです。それと、言葉はいっしょだが意味が違うという傾向のものも、案外見受けられます。「なおす」(60頁参照)などがその代表的な福岡ことばです。

▼攻撃性がないという特色も

福岡ことばの、次なる大きな特色は、他人を罵倒する、あるいは喧嘩をふっかける表現が、あまり見当たらないことです。著者が福岡で生活し、今も通い続ける中で、目の前でそういう罵倒言葉を使ってののしりあいを、見たことがありません。

第2章でも書いたように、福岡という地は、三エリアのいずれもが閉鎖的ではない、むしろ交流の繰り返しで、発展してきた性格があります。そうなると異なる文化が常に混じりあうわけです。喧嘩も、かつては多かったことでしょう。

しかし、やはり三エリアに共通の、交流の特徴は、政治的な色彩が非常に小さいことです。むしろ物流や商売面で盛んであり続けた側面が大きいのです。

二度の元寇の後、博多の地は、その貿易力のおかげで複数の豪族勢力による縄張り争いが続き、何回も焼け野原になってしまいました。戦火がようやくおさまったのが1587年、太閤秀吉による復興です。おそらくこの時期に、

「平和が一番よか。もう、小競り合いはこりごりばい」

そんな町の空気が出来上がったのじゃないかというのが、著者の推察です。そうすると、意見のぶつかり合いの中に、相手を刺激するような言葉は、意識的に控えるようになるのが道理でしょう。また、全国各地から、さらには大陸からいろんな人が出入りを繰り返した中で、

「我々は好奇心は強か、ばってんが、立ち入ったことは、あえて聞かないに限る」

そんな空気が、だんだんと博多の言葉から攻撃性を削ぎ落とし、穏やかさを纏った表現に変化していったと、著者はうっすらですが思い出しているところです。そうするとどうなるか。これも仮説ですが、相手を持ち上げる表現がどんどん発達していくと思うのです。持ち上げられて、気分を害する人間は、まずいないでしょう。そうやって、修羅場を作らずに乗り切る術を、福岡の人はＤＮＡレベルで持ち合わせているように感じます。

こうやって持ち上げましたが、実はかつて、博多弁にも「バカ」的言葉は、調べてみるとありました。ありましたがそれは「うんてれがん」、間抜けは「ぼうすくてえ」。どっちも初めて見ました。使っている人は、おそらくいないと思われます。せいぜいが、武田鉄

矢さんがＣＭで言った「ばかちん」くらいでしょうが、これも語源は関東の「ばか」です。「ちん」とくっつけて博多弁にしたにすぎません。

東京だと、「このバカヤロウ！」、大阪だと「ドアホが！」と、いきなり感情のフルスロットルとなるところを、福岡ことばではなかなかボルテージが上がりません。こぜりあいが始まったとしても、しばらくは言われっ放しなままになっています。反論したいけれど、そういう表現がなかなか見つからないのです。そういう状況が続くと、次第に無言になっていきますが、先述のように最悪の事態を回避したいという本能が作用するので、言葉での反撃に出ることは、なかなかありません。

漫才のようなボケと突っ込みは、そういう観点からすると福岡には存在しないのです。

▼怒りのスイッチはある

だからといって、言われっ放しのままでいるかというと、そこはプライドが人一倍強い福岡人です。そして、家族や仲間を非常に大切に思う県民性です。そんな福岡人には、怒りは一瞬で降臨します。

「親の顔が見たいもんだ」

「ひでぇ友だちを持ったな」

はい、スイッチが入りました。しかも一気にマックスに行きます。

「なんかきさん！（貴様）」

これで流血沙汰となったとしても、著者は大いに納得しますね。

つまり、このほぼ唯一とも言える「怒り一瞬」スイッチさえ押さなければ、福岡人はみな穏やかで、実に平和なやりとりを好むのです。食べ物が豊富で、どれも美味しい。しかも安い。そんな都会のある自治体は、日本全国でも福岡くらいしかないいんじゃないでしょうか。先日、外国人が選ぶ「快適な世界の都市」調査で、福岡は堂々の10位にランクインされました。世界の目が、福岡を注目し始めています。美味しいものが豊富ということで、ミシュランまでが動きましたしね。

▼ことばによる地域活性化

これらから浮かび上がるのは、**三つの福岡ことばは、人の気持ちを穏やかにし、平和な空気をもたらす**という、ひとつの結論もどきです。ほんとうはスッパリ「結論」としたかったのですが、断じてしまうと、絶対に「違うじゃないか」という揚げ足取り、失礼、異論が出てくるからであります。

著者は、本書でそういう類の議論をするつもりはありません。ただただ、騙されたと思って使っていただきたいのです。

喋るでもよし、書くでもよし、打つでもよし。

そうやって、福岡人の、好奇心と平和を尊ぶ気質を言葉から感じ取って欲しいだけなのです。

先ごろ日本は「お・も・て・な・し」を世界に向けて発信しだしたところですが、ならば、ぜひとも福岡ことばを、積極的に活用して欲しいとすら思います。歴史の中で、もっとも外国と交流してきた土地です、明治より前に海外と闘ったのも福岡が拠点です。

博多弁、北九弁、そして筑後弁。総合して「**日本おもてなし弁**」と打ち出しても、大きな過ちにはならないに違いないと、著者は、心から思うところです。

さて、著者の実体験と現地取材、そして文献や各種映像等から導き出した、等身大の博多弁、北九弁、筑後弁への総括は、ひとまず以上です。章題に「2014」をくっつけたのは、言葉というものは、さまざまな環境や世代交代、社会のはやり廃りで日々変化して行く生き物であり、常にあるインターバルをもってリサーチしてみないと、書いたことが劇的に異なる可能性を秘めているからです。

したがって、数年後には、聞いたことのない福岡ことばが誕生し、定着することだってあり得るでしょう。ひょっとしたら「ぺらか」が、一人前の新しい方言になってることだって、ゼロとは言いきれません。

以上のような、個人的には期待も込めて、あえて「今年の話やけんね」との意味を込めてみたつもりです。

今年2014年の前半、ひとつの方言映像がYouTubeにのっかって、またたく間に多くの方言フォロワーを生み出したのは、記憶にあたらしいところです。ディズニーの『アナ雪と女王』の「生まれて初めて」の部分が、ひとりの博多っ娘によって博多弁バージョンとして上梓されました。それを観た全国の人が次々に、お国言葉のバージョンを作ってアップしたのです。大阪弁、広島弁、富山弁、京都弁、沖縄弁、八戸弁という超ローカルなものまであらわれました。ここで言いたいのは、**先陣を切ったのが博多弁だった**ことです。こういう遊びは、福岡が最も得意とする分野であり、その遊びに活用するにもってこいな言葉なのです。

「方言コスプレ」の時代は、定着だけでなく、ますます拡大の動きを見せています。全国のローカルが、次々とゆるキャラを生み出したり、ご当地グルメ選手権が人気を博したりしているのと、ほぼ同じ空気感で、**方言にも新しい光があたりつつあります。**

三つの福岡ことばが、そんな光の楽しい浴び方を、指南して行く時代が、訪れつつあるのです。

第7章　エピローグと謝辞

とうとう、最後の章に入ってしまいました。今まで数冊の単行本を出してきましたが、今回が一番、終わってしまうのが寂しい気持ちに包まれています。それだけ楽しく、充実した取材・執筆活動に時間を費やすことができた証でもあります。あ、もちろん撮影も含めてです。

執筆にあたりお世話になった方々に感謝のことばを申し上げます。

まず、糸島にあるワイルドマートの山北マサトさん。雑誌の取材で知合ってから、著者にとっては頼もしい先達であり、兄貴のような存在でもあります。いろんな我が儘な申し出を快く受けていただき、言葉の話とともに感謝あるばかりです。交友関係の幅広さが、本書にも存分に反映しております。

次にＩＨさん。お堅い仕事でありながらも柔軟な取材対応に、頭が下がりっぱなしです。そのＩＨさんにご紹介いただいたＭＤさんには、福岡のご当地アイドル全般について、ご自身が肌で感じたレベルでの若者ことばと気質の傾向を教えていただきました。

昨年、「福岡にリンク」という番組で、後述の大刀洗町で、著者を取材してくれたメンバー2名を含む福岡発アイドル集団LinQの皆さんには、若い人たちの方言傾向のヒントをたくさんいただきました。

さらに福岡市カワイイ区担当者の永田卓久さんと井上智愛さん、大圓寺の波多野聖雄住職、四代先からの純博多っ娘の吉次恵美さんには、生きた博多弁とともに、歴史と絡んだ福岡ことばの変遷をご教授いただきました。深く深く御礼申し上げます。

出生は『佐賀の逆襲』の〝あの〟佐賀ですが、元はバリバリの西南（学院）ボーイ、現在は東京富士大学教授の須川一幸さんには、著者が手薄な北九州エリアへの突破口を教えていただきました。そして、須川さんからご紹介いただいた北九州広報誌『雲のうえ』で北九州弁担当だった現病院局長の吉田茂人さん、吉田さんからのつながりで、北九州市広報室の丸山保さんと上田ゆかりさん、城戸崎綾香さん、博多と北九州を股に駆けて活動中の藤原洋子さんには、北九州の込み入った言語圏の解読に、大きなサゼスチョンをいただきました。

筑豊方面では「筑豊弁って萌えるんだ」という発見の機会をいただいた畑迫良恵さん。福岡市内から大分との県境にある上毛（こうげ）町に移住し、やはり手薄なエリアのアンケート協力者を掻き集めてくれた川畑美由樹さん。筑後に移って、「せんぽこ」を食べ、久留米屋台をいくつも紹介していただいた豆津橋渡さん、去年の著者の大刀洗町フォトグラファー移住で知り合い、今回も筑後弁に関していろいろ動いていただいた樋口高太郎さんにも、ほんとうに感謝の気持ちでいっぱいです。また、グラビア撮影に快く協力いただいた都田京子さんと川久保健朗さん、および山北マサトさんには、ここでもあらためて頭を深々と下げさせていただきます。おかげで文字ばっかりだった著書に、いい感じでビジュアルを添えることができました。

第5章のシーナ&ザ・ロケッツ鮎川誠さんへのインタビューに関しては、多忙の中、貴重な時間を捻出いただいた事務所ロケットダクションの佐久間純子さんのR&Rな即断&手際には、鮎川先輩への感謝とともに、さっき下げた頭をさらに深く下げたく思います（もうすぐ頭がオン・ザ・ロードです）。

そして、第3章のアンケートにご協力いただいたすべての方々、やはり諸事情でイニシャル表記となったRKさん、RMさんを含め、まとめてしもぅて済みませんばってんが、熱く熱く感謝申し上げます。それと35年来の親友でもある藤田昌弘っ！　きっと最もたくさん博多弁で話し合った親友に対しても、ちょっと照れくさいとばってんがくさ、「ほんなこつ、ありがとうございました」と言わせてもらいます。

本書の仕上げにあたっては、装丁を担っていただいた山田英春さん、DTP作成の小牧昇さん、編集面でサポートいただいた田中はるかさん、表紙の立体イラストをつくっていただいた野崎一人さん、第4章の挿絵を描いていただいた工藤六助さんにも、この場を借りて厚く御礼ば申し上げます。ちかっぱありがとうございました。

謝辞の最後は、出版社である言視舎の社長である杉山尚次さん。4月に飯田橋の事務所にお邪魔した際、雑談の中から急に、「小林さん、福岡の方言本を出しませんか? こういう面白いのがあるから」と『雲のうえ』の存在を教えていただいたのが、事の発端でした。企画スタートから校了にいたるまで、傍目には紆余曲折に見えるかもしれないさまざまな提案&NGも、実のところはどれもが楽しく、NGを受けると「あ、また新しいアイディアが出せる」と、いつもにはないインスピレーションが働き続けたものです。根気よく導いていただき、ありがとうございました。

精一杯やりました。得た知識や、体験は、ほぼ網羅して、ここに注ぎ込んだつもりです。それを世に問うて、審判を仰ぐばかりです。

ご購読、ご高読に、心から感謝します。そして、一緒に面白がりましょう。

２０１４年10月

著者

引用および参考文献

1　都道府県別全国方言小辞典／佐藤亮一（編）／三省堂／2002年
2　生きている日本の方言／佐藤亮一／新日本出版社／2001年
3　地方別方言語源辞典／真田新治・友定賢治（編）／東京堂出版／2007年
4　お国柄言葉の辞典／加藤迪男（編）／東京堂出版／2012年
5　方言の読本／尚学図書（編）／小学館／1991年
6　博多ことば／江頭光／葦書房／1998年
7　華丸・大吉式ハカタ語会話／博多華丸・大吉／マイクロマガジン社／2008年
8　しゃべってみんしゃい福岡弁／全国方言研究会／リベラル社（青雲社）／2009年
9　日本の言葉シリーズ40～福岡県のことば／平山輝男（編代）／明治書院／1997年
10　博多方言／松井喜久雄／私家版／1997年
11　即訳！ふくおか方言集／中村萬里（編）／西日本新聞社／2005年
12　日本の名随筆別巻66～方言／清水義範（編）／作品社／1996年
13　博多あるある／岡田大／宝島社／2013年
14　雲のうえ17号／「雲のうえ」編集室／北九州市／2012年

15 博多本／博多の魅力発信会議（編）／2013年
16 福岡共和国のオキテ100カ条／トコ（監修）・月刊九州王国／メイツ出版／2014年
17 博多ルール／都市生活プロジェクト（編）／中経出版／2010年
18 博多学／岩中祥史／新潮社／2003年
19 これでいいのか福岡市／たむらやすよ・前畑繁美・宮沢玲奈／マイクロマガジン社／2011年
20 これでいいのか北九州市／たむらやすよ・宮沢玲奈／マイクロマガジン社／2013年
21 博多ことば／江頭光／海鳥社／2011年
22 武田鉄矢の博多っ考／武田鉄矢／経営書院／1996年
23 青春の門・筑豊編～五木寛之小説全集17巻／五木寛之／講談社／1984年
24 夢野久作の世界／西原和海（編・著）／沖積舎／1991年
25 山本佳代の妊娠日記／山本かよ／プランニング秀巧社／1994年
26 都道府県別全国方言辞典／佐藤亮一／三省堂／2009年
27 方言風土記／すぎもとつとむ／雄山閣／1995年
28 「方言コスプレ」の時代／田中ゆかり／岩波書店／2011年
29 出身地（イナカ）がわかる、気づかない方言／篠崎晃一＋毎日新聞社／毎日新聞社／2008年
30 北部九州における方言新語研究／陣内正敏／九州大学出版会／1996年

31 県別罵詈雑言辞典／真田信治・友定賢治（編）／東京堂出版／２０１１年
32 都道府県の気持ちが伝わる名方言１４１／真田信治／講談社／２００５年
33 日本語の起源・新版／大野晋／岩波書店／１９９４年
34 評伝火宅の人 檀一雄／真鍋呉夫／沖積舎／１９８８年
35 ふるさと文学館第46巻福岡Ⅰ／海老井英次（編集代表）／日本アート・センター／１９９４年
36 邪馬台国の言語／長澤夏樹／學生社／１９７９年

[著者紹介]
小林由明（こばやし・よしあき）
1957年宮崎県延岡市生まれ。九州大学農学部卒業後、広告代理店を経てフリーのライター・フォトグラファーになる。1997年から2000年までモロッコ・タンジールに移住。今は宮崎県五ヶ瀬町にて田舎暮らし実践中。著書に『ヨーロッパ激安バス旅行』（宝島社）『GObyBUS/Europe』（メタローグ）『佐賀の逆襲』（言視舎）がある。趣味は手料理とサングリア作りと畑耕作とSNS（mixiとFaceBookにアカウントあり）。

装丁……………山田英春
DTP制作………小牧昇
編集協力………田中はるか
カバーイラスト………野崎一人
本文イラスト………工藤六助

ウィ・キャン・スピーク福岡ことば
博多弁・北九弁・筑後弁の世界

発行日❖2014年11月30日　初版第1刷

著者
小林由明
発行者
杉山尚次
発行所
株式会社**言視舎**
東京都千代田区富士見2-2-2 〒102-0071
電話03-3234-5997　FAX 03-3234-5957
http://www.s-pn.jp/
印刷・製本
モリモト印刷㈱

ISBN978-4-86565-003-7 C0336